よく笑うこと。聡明な人々から尊敬され、子どもたちから好かれること。
誠実な批判者から称賛され、不誠実な友人からの裏切りに耐えること。
美しいものの良さを理解し、他者の最も良いところを見つけること。
世界を少しばかり良くすること。その手段は、健康な子どもを育てる。
庭に小さな畑を作る。社会情勢を改善するなど、何でもよい。
あなたのおかげで良い人生を送れたという人がいること。
これが成功したということなのである。

――ラフル・ワルド・エマーソンの言葉

――引用元――
ダグラス・ホール著『プロティアン・キャリア』より

神プロテウス

FABLE XXXIII.

The COURTIER *and* PROTEUS.

何にでも変身できるのです。

火になったり、水になったり、
蛇になったり、馬になったり、
竜になったり、獅子になったり、獣にもなった。

そして、人にもなった。

『ギリシヤ神話』

プロティアン

PROTEAN

TANAKA KENNOSUKE

田中研之輔

70歳まで第一線で
働き続ける
最強のキャリア資本術

日経BP

はじめに

30年後、どこで、何をしていますか？

毎日、どのように過ごしていますか？


「そんなこと知るか」と思ったのではないでしょうか。

そんなあなたに向けて、この本を書いています。

たしかに、数十年先のことを考えなくても、日々は過ぎていきます。

将来のことを具体的に思い描いたとしても、人生はそもそも何が起こるか分かりません。病を患ったり、事故に巻き込まれたり、もしかすると自然災害に遭うことだってあるかもしれません。

生きていることが奇跡。生きていることに感謝を忘れてはいけません。

運良く生き続けているなら、30年後の私は73歳になっています。何をして、どこで暮らしているのか、正直なところ、思い浮かべることはできません。

筋書きのないドラマの30年後をイメージすることは、容易ではありません。

ただ、少子高齢化と人手不足は今後も確実に深刻になります。国が民間企業に、70歳まで会社員を雇い続けるよう努力要請をしたという社会的な流れからすると、少しでも社会に貢献できるよう、73歳になった私も何らかの仕事をしていたいと願っています。

私はいま、大学生にライフキャリア論を教えるかたわら、企業のセミナーなどに数多く登壇しています。

テーマは組織経営、組織開発、人事制度、新卒採用などと多岐にわたりますが、ここで私は、キャリア論の視点からコメントをさせていただいています。

また研究分野では、職場での働き方やキャリア形成に関するヒアリング調査を継続しています。

　これまで、インタビューを実施したビジネスパーソンは、インフォーマルな形式を含めると5000人を超えています。

　日頃から大学生にキャリア論を教えてきた現場の経験と、これまでの12年間にわたるビジネスパーソンへの継続的なヒアリングから見えてきたことがあります。

　それは、大学生もビジネスパーソンも、**「自分自身のこれから先のキャリアを考えることがとても苦手だ」**ということです。

　何をしてきたかという過去を振り返ることはできても、何をしていくのかと未来を構想することはとても難しい。

　理由は明快。自分のキャリアについて考える機会が圧倒的に不足しているからです。

　私自身、いまでこそキャリア論をテーマに据えて教鞭を執っていますが、自分自身のこれから先のキャリアについて考えるのはとても苦手でした。

「将来、何になりたい？」と聞かれても、その都度、適当に返事をしていました。

「先のことは分からないし、いまが良ければそれでいい」とも思っていました。

しかしあるとき、「いまが良ければそれでいい」という安直な考えを改める話を耳にしました。それは、フィットネスクラブで顔見知りになった高橋さん（仮名）の言葉でした。高橋さんは長年勤めた会社を定年退職し、いまは週4日、フィットネスクラブで身体を動かしています。

「私だって、再雇用を希望すれば65歳まで働くことはできたんだ。でも、仕事をやり切ったという気持ちがあった。だから、無理に会社に残ろうとはしなかった。第二の人生を生きようと決心した。その判断に後悔はない。ただ、実際に退職してみると、**とにかくやることがない。毎日、時間を持て余している。**これから何をしたらいいのだろう？　会社から離れてみると、自分一人では何もできないと痛感している。何も持っていないことにも愕然《がくぜん》としている。稼がなくなって、貯えがいつまで持つのかという不安もある。**これから30年もあるのに……**」

誤解のないようにお伝えすると、高橋さん本人は健康的で素敵な方です。現役時代はきっと仕事もできたのだと思います。そんな高橋さんが吐露《とろ》した「会社の外では自分は何もできない」という言葉が、胸に刺さったのです。

「いまが良ければそれでいい」というのは、まずいんじゃないか――。そう感じるようになりました。

あなたの近くにいる定年退職をした知人、友人、もしくは親族の暮らしぶりを思い浮かべてみてください。そのうえで、もう一度問いかけてみたいと思います。

30年後、どこで、何をしていますか？
毎日、どのように過ごしていますか？

70歳まで働き、100年を生きる

私たちは、人生100年時代を生きていきます。

退職してから30年、もしくは40年も過ごすことになる人生です。随分と時間がありますね。世界的に注目される長寿大国の日本でどう生き抜くのか、私たちは試されています。

この未曽有《みぞう》の長寿社会を生き抜く現実的な解決策の一つは、できるだけ長く働き続けることです。


長く働き続けるための選択肢は三つあります。

一つ目は、いまの会社でできるだけ長く働き続けること。

二つ目は、転職を重ねながら働き続けていくこと。

三つ目は、個人で稼いでいくことです。

どんな形であれ、私たちは長期間にわたって働き続けることになる。**働くことが人類の歴史上、最も長くなる長寿時代が到来し、私たちは社会と職場の変化に、否が応でも向き合い、変わっていかなければなりません。**


では、次のような問いを投げかけてみたいと思います。

あなたは、いまの仕事を失ったらどうしますか？

この問いは、数十年も先のことではなく、いつでも誰にでも起こり得る事態です。企業の経営不振による大量解雇や、成果主義の導入によって解雇に至るケースは近年、相次いでいます。社会変化に対応したこうした事態は、決して「対岸の火事」ではありません。

「いまの仕事を失うこと」を自分ごととして具体的に想定してみてください。
あなたは、明日からどう生きていきますか。
転職先を探す際、あなたのセールスポイントは何でしょう。

あなたの強みは何ですか？

みんな、不安を感じている

テクノロジーの進化や社会環境の劇的な変化、終身雇用と年功序列の崩壊に伴い、私たちはこの先、「いまと同じ仕事をずっと続けていく」ことが難しくなっていきます。

これまでと同じ仕事から、これまでとは異なる新しい仕事へ、同じ職場から別の職場へと転職する人もさらに増えるでしょう。長く働き続ける中で、様々な不安や不満も感じることになります。

すでに、こんな声も聞こえてきます。

「社会人として働くようになって3年が経ちました。いまは目の前の仕事を必死にこなしています。**これから先のことはまだ考えていません。**ただ、いまの業界でこのまま働き続けていいのだろうかと悩むときがあります」

「30代に入り、仕事も任せられるようになり、やりがいを感じています。社内での自分の居場所は確立できています。居心地は悪くない。けれど**正直なところ、自分の成長が止まっているように感じます。**このまま社内のネットワークだけで大丈夫でしょうか」

「若い頃と同じように働き続けてきたけれど、40歳を越えた頃から職場で居心地の悪さを感じるようになりました。求められる役割が変わったのに、**どうしてもうま**

く変われない。このまま会社に残ってもいいのでしょうか」

「50歳を過ぎて、早期退職制度を活用して、同僚が続々と異業種に挑戦しています。**自分だけこのまま会社にしがみついたままでも大丈夫なのか。**不安です」

「役職定年を迎えて、これから先も再雇用などで働き続けるつもりです。ただ、いままで培ってきたスキルがこれからも通用するとは思えません。**本当に社会から必要とされているのでしょうか**」

仕事に真摯《しんし》に向き合うビジネスパーソンほど、将来への悩みはつきません。

そんな悩みや不安を払拭するために、この本でみなさんに、**「プロティアン・キャリア(PROTEAN CAREER)」**という考え方を紹介します。

PROTEAN（プロティアン）には、「変化し続ける」「変幻自在な」「一人数役を演じる」という意味があります。

そしてプロティアン・キャリアとは、変幻自在に形成するキャリアのことです。プロティアン・キャリアについては、本書の第一章で詳しく説明していきます。

キャリアは自分でデザインする

人生100年時代。私たちに求められるのは、**キャリアを組織に預けるのではなく、自分でデザインしていくことです。それを理解し、目の前の悩みに拘泥《こうでい》するのではなく、行動して、人生を自分の力で豊かにしていくことです。**

30年後、あなたはどこで何をしていますか。それは誰にも分からないでしょう。けれど少なくとも、30年後を見据えて、いまからどんなふうに生きていこうかと考えることはムダではありません。そのための準備に役立つ羅針盤《らしんばん》のような存在が本書なのです。

まずは本書の狙いをまとめます。

本書では、みなさんと一緒に、**プロティアン・キャリアを軸に「生涯を通じて変身し続ける術」について考えていきます。**

狙いは、**人生100年時代を生き抜くうえで欠かすことのできない「変化への適応と戦略」についての見識を深め、日々の行動に生かし、数十年後の働き方や生き方をデザイ**

ンすることにあります。

本書は、次のような悩みを抱えるビジネスパーソンに読んでいただきたいと思っています。

- ✓ 働きながら生計を立てているものの、いまの稼ぎでは十分だと感じられず、今後のキャリアに不安を抱く人
- ✓ 社会変化に適応するために、何らかのキャリア形成の必要性を感じている人
- ✓ 無限に広がる選択肢の中で、自分らしい働き方や生き方を見失っている人
- ✓ どうしたら自分らしく、幸せを感じながら生きることができるのかと悩んでいる人

いまのまま逃げ切る人生はつまらない。
それを自覚したいまがチャンスです。
まだ、手遅れではありません。

私は、プロティアン・キャリアという考え方を身につけて、自分の働き方や生き方を大

きく転換させました。のちほど触れますが、私自身も「ミドルの憂鬱《ゆううつ》」から抜け出すことができたのです。

実践！　プロティアン・キャリア

本書は次のように構成しています。

第一章では、プロティアン・キャリアという考え方の理解を深めます。これまでのキャリア論とプロティアン・キャリア論では何が違うのか。いまのあなたの日常行動から、プロティアン・キャリア診断もできます。試しに受けてみてください。

第二章では、プロティアン・キャリアの形成を、「資産」と「資本」の観点から捉える見方を提示します。組織ではなく、個人でキャリアを形成する際、キャリア資本を自己分析できなくてはなりません。その方法をお伝えしています。

第三章では、ビジネス資本を蓄積する方法について、ビジネスリテラシー、ビジネスプロダクティビティ、ビジネスアダプタビリティの視点から、深掘りしていきます。

第四章では、社会関係資本の形成に焦点を当てます。ビジネスシーンでのキャリア形成と、プライベートの行動の関係性についても考えていきます。

第五章では、これまでのキャリア論では語られなかった稼ぎ方について、プロティアン・キャリア形成を六つのタイプに分類して解説しました。


もう、一つの会社で勤め続けて、一生を終えられる時代ではありません。

終身雇用や年功序列は、昭和と平成の〝遺産〟です。会社が、私たちの一生の面倒を見てくれることはもうないのです。キャリアは組織から個人へと手渡されました。

本書を通じて、自分のキャリアを変幻自在に磨き上げ、プロティアンな日々をスタートさせましょう。

変幻自在なキャリアを形成することができれば、どんなに社会や環境が変わっても、私たちは70歳まで第一線で働き続けることができるはずです。そして、引退後の30年も、さらなるキャリアを形成しながら、充実した長寿をまっとうするはずです。


さあ、あなたもいまから、プロティアン・キャリアを形成しましょう！

はじめに 2

第1章

なぜいま、プロティアンなのか

——終身雇用は限界を迎えた

21

神プロテウスとプロティアン・キャリア／試してみよう　プロティアン・キャリア診断／キャリアは「結果」ではなく「過程」／〝The Career is Dead〟／組織内キャリアから個人のキャリアへ／終身雇用はもう限界／いつまで「鵜飼の鵜」を続けるのか／社会との「関係性」が問われる／『ライフ・シフト』が教えてくれたこと／アイデンティティとアダプタビリティ

第2章

「キャリア資本」の構築
——組織を活かし、変幻自在に生きる

59

昇格や昇進より心理的な成功を／キャリアの8割は偶発的に決まる／経営戦略を練るようにキャリアを考える／あなたの「資産」を見直そう／友人、自己理解も「無形資産」／無形資産が金融資産に変わる／無形資産を棚卸ししよう／キャリアを貸借対照表に落とし込む／プロティアン・キャリアに必要な三つの資本

第3章

「ビジネス資本」の蓄積
——仕事に没頭し、自己を磨き続ける

99

ビジネス書を乱読・多読しよう／ビジネスプロダクティビティを養う没頭力

第4章

「社会関係資本」の形成

――本当の豊かさを育てる

／ムダな会議はこうして撲滅する／非生産的な会議でも成長する魔法／これが〃プロティアン会議術〃だ／ビジネス資本で大切なアダプタビリティ／習慣を変えて一歩踏み出す／転職で鍛えるアダプタビリティ／突然変異は通用しない／3年、5年、10年先をイメージしよう

お金よりも人生を豊かにするもの／「結束型」と「橋渡し型」／成長が人に与える強い幸福感／「不満」からあなたの望みを探る／「変わり続けること」が人生を豊かに／名刺交換に終始しない「異業種交流」／自分と異なるタイプと話せ／プライベートの関係性があなたを豊かに／会社に人生を乗っ取られる？／自分の人生を生きているか

第5章
「経済資本」に転換する
――稼ぎ方を戦略的にデザインする
二極化する40代の年収／「生涯年収3億円」の壁を打ち破れ／プロティアン・キャリアの六つのタイプ／学び、転職してキャリア資本を磨く／副業の経験が本業にも生きる／「教育→仕事→引退」の流れは終わった／趣味が仕事に生きることも／あなたを唯一無二の存在に／最強のプロティアン・キャリア形成術／キャリアの〝迷走〟を避けるには
155

補論
プロティアン・キャリアのもう一つの道
――〝複業〟で働き方をアップデート
対談：複業研究家・西村創一朗氏
187

おわりに
206

第 1 章

なぜいま、プロティアンなのか

終身雇用は限界を迎えた

世の中は、とんでもないスピードで変化しています。

私が生まれたときには、携帯電話も、インターネットも、ソーシャルメディアもありませんでした。たった数十年で劇的な変化が起こったのです。

いままでは仕事の諸々の調整はメールを開くまでもなく、フェイスブックのメッセンジャーでやりくりできます。目覚ましいスピードでデジタル化が進み、私たちの生活はさま変わりしています。

これからも、さらなる技術革新が続きます。

最近では現金を持ち歩かなくても生活できるようになってきました。空飛ぶクルマも技術的には完成しています。民間企業による宇宙旅行も、この先にはきっと現実化するでしょう。

そう、ビジネスシーンは変貌しているのです。

加速度的な変化に対して、変われない自分、変わらない自分。

いまいる組織の中でしか働くことのできない自分。

組織の中でも、大した活躍のできていない自分。

どうせ変われないのなら、このまま波風立てずに逃げ切ろう――。

劇的に変わる世の中を前に、「変わらない」ことで逃げ切る生き方もあるのかもしれません。目の前の仕事をこなすだけでも毎日は過ぎていきます。2008年に大学に職を得た私は、それから数年経った頃から、仕事に没頭できないようになっていました。手を抜いていたわけではありません。ただ、奮闘することなく一つひとつの仕事をこなせるようになり、手応えのなさを感じていたのです。

ふと、「このままでいいのかな」と思うこともありました。けれど特段、何かの手を打つわけでもなく、ただ漠然とモチベーションが低下した日々を過ごしていたのです。

そうです。私は俗にいわれる**「ミドルの憂鬱《ゆううつ》」**に陥っていたのです。

組織内で停滞を感じ、働くモチベーションが低くなる状態を**「キャリア・プラトー」**と呼びます。

「プラトー」とは「高原」の意味。そして**キャリア・プラトーとは、組織で働く人があるときに直面する「停滞状態」のことを指します。**これまで登ってきた山で、それ以上のキャリアアップが見込めず頭打ちになる状態です。それも山の頂上で停滞するのではなく、山腹で滞留しているというのがイメージには近いのです。

私がこのミドルの憂鬱から抜け出すきっかけとなったのが、「プロティアン・キャリア」という考え方との出合いでした。

神プロテウスとプロティアン・キャリア

プロティアン・キャリアとは、米ボストン大学経営大学院で組織行動学や心理学の教鞭を執るダグラス・ホール教授が、1976年に提唱した概念のことです。

1976年に生まれた私は妙な親近感を覚えました。この考え方が生み出されて43年が経とうとしています。

プロティアンという言葉の語源は、ギリシヤ神話に出てくる、思いのままに姿を変える神プロテウスにあります。神プロテウスは、火にもなり、水にもなり、ときには獣にもなったりするなど、環境の変化に応じて変幻自在に姿を変えます。**変化に応じて、自分の意思で、自由に姿を変えることができるのです。**

その言葉にキャリアを掛け合わせて、ダグラス・ホール教授は、社会や環境の変化に応じて柔軟に変わることのできる変幻自在なキャリアとして、「プロティアン・キャリア」を提唱しました。

これだ！

この考え方を実装できれば、私はミドルの憂鬱から抜け出せるのではないか。変わることのできなかった自分が、ひょっとしたら変われるかもしれない。柔軟にキャリアを変えられれば、社会環境がどんなに変わろうと、生き生きと働き続けることができるはずだ。

プロティアン・キャリアという考え方を身につければ、いまのもやもやした状態から抜け出すことができるのではないか。

それからは、プロティアン・キャリアについて考える日々が始まりました。

中でも特に私に大きな学びを与えたのが、次の三つの視点でした。

✓ **キャリアは組織に預けるものではなく、自分で育て、形成する**
✓ **キャリアは昇進などの結果ではなく、生涯と通じた全過程である**
✓ **キャリアは変化に応じて、自分で変えることができる**

この三つのポイントを整理したのが、27ページの図になります。

プロティアン・キャリアの思想を、私たちビジネスパーソンのキャリア形成にも、具体的に生かしていきたいと考えるようになりました。

社会に出ると、働き方や生き方の本質を教えてくれる人はいません。

そのうえ、組織の中で成果を出すことに追われていると、一番大切なことを見失ってしまいます。それが自分自身のキャリアのことなのです。

私たちは組織の中で働いていると、一番大切な自分自身のキャリアについて、つい思考停止に陥ってしまいます。組織が守ってくれると思うようになるからです。

けれど、もうそんな時代ではありません。

図1　プロティアン・キャリアとは何か

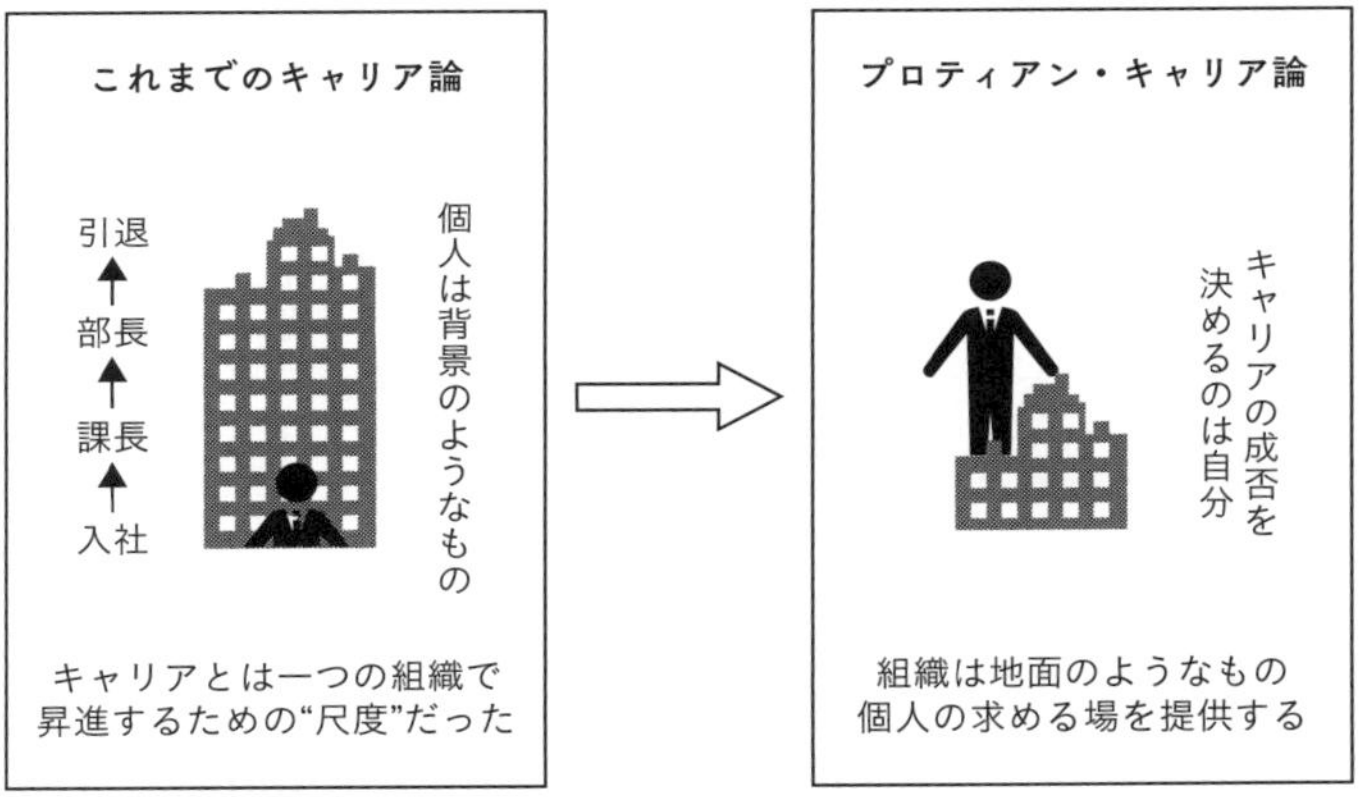

注：2019年著者作成、解説「今、再評価される『プロティアン・キャリア』とは」（NewsPicks）を再編集

令和が幕を開けた２０１９年春、日本の経済界では相次いで、重鎮たちが「終身雇用を続けることはできない」といった発言を重ねました。それが意味するところは、のちほど詳しく触れることにします。

試してみよう
プロティアン・キャリア診断

それでは早速、ビジネスパーソンとしての日頃の行動を診断してみましょう。健康診断で身体の状態を定期的にチェックするのと同じように、企業も経営状態を定期的にチェックする経営診断を行っています。組織や経営上の問題をできるだけ早く見つけて対策を打ち、深刻な問題になるのを避けるためです。

それは、個人のキャリアについても同じはずです。

そこでまず、あなたの現状を把握することから始めます。

それでは早速、次のページにある、**プロティアン・キャリア診断を行いましょう。**

15項目の診断項目を用意しましたので、チェックを入れてみてください。


チェックが入った項目はいくつありましたか。

この診断結果はあくまでも、いまのあなたの状態です。経営診断であれば資産状況、損益状況、組織内部の状態などを見ていきます。同じように、キャリアの資本分析はのちほど見ていきます。

まずキャリア診断の入口としてここで設けた項目は、日々の行動の状態を把握するためのものです。


チェック項目の合計数から、三つの人材に分かれます。

15項目中、12個以上のチェックが付いた人は、すでにプロティアン人材です。4個から

図2　プロティアン・キャリア診断

	項目	チェック
1	毎日、新聞を読む	
2	月に2冊以上、本を読む	
3	英語の学習を続けている	
4	テクノロジーの変化に関心がある	
5	国内の社会変化に関心がある	
6	海外の社会変化に関心がある	
7	仕事に限らず、新しいことに挑戦している	
8	現状の問題から目を背けない	
9	問題に直面すると、解決するために行動する	
10	決めたことを計画的に実行する	
11	何事も途中で投げ出さず、やり抜く	
12	日頃、複数のプロジェクトに関わっている	
13	定期的に参加する（社外）コミュニティが複数ある	
14	健康意識が高く、定期的に運動している	
15	生活の質を高め、心の幸福を感じる友人がいる	
	合計数	

図3　ビジネスパーソンの3類型

ビジネスパーソンの3類型	チェック数	プロティアン・キャリア形成の行動状態
プロティアン人材	12個以上	変幻自在に自分でキャリアを形成し、変化にも対応できる
セミプロティアン人材	4〜11個	キャリアは形成できているものの、変化への対応力が弱い
ノンプロティアン人材	3個以下	現状のキャリア維持にとどまり、変化にも対応できない

注：図2、3とも2019年著者作成

11個の人はセミプロティアン、3個以下の人はノンプロティアンです。

ちなみに、私がミドルの憂鬱に直面していた当時のプロティアン・キャリア診断の結果は6個で、ギリギリでセミプロティアン人材でした。そんな状態では当然、キャリア・プラトーにはまりますよね。

それ以降はチェック項目が増えるよう日頃から心掛けるようにしました。キャリアを自分で形成することを意識して、一つひとつ行動を変えていったのです。

大切なことは、いまのキャリアの状態を客観的に把握することです。

この三つの人材分類は、現時点での暫定的な状態にすぎません。将来はいくらでも変えることができます。

「努力しましょう」というのはあまりにも曖昧《あいまい》なエールなので、ここでは控えます。それよりも、項目が一つでも増えるように一緒に**中長期的なキャリア戦略を練っていきましょう。**

中長期的なキャリア戦略についても、追って見ていくことにします。

また、これらの項目の一つひとつがキャリア形成にどんな意味を持つのかについても、本書の中で順を追って解説していきます。

キャリアは「結果」でなく「過程」

さて、ここまで特に何の定義もせずに、「キャリア」という言葉を使ってきました。けれどそもそも、キャリアとは何でしょう。私は、キャリアを次のようなものとして理解しています。

キャリアとは、個人がこれまで経験してきた「軌跡」のこと。

軌跡といっても、通ってきた道に刻まれた痕跡《こんせき》というだけでなく、イメージで言うならより立体的なもの。組織内での昇進や昇格、資格や達成といった、組織の「中」のキャリアは狭義の意味でのキャリアにとどまります。

大学を卒業して、最初に入社した会社から、違う会社に転職したというように、最近では、一つの企業の中での昇進や昇給によって上昇する**直線的なキャリアに当てはまらない経路をたどる人が増えています。**

ただし、転職してもうまくいかない場合があり、また一つの組織で働き続けたとしても、思い通りに昇進できなかったり、競争環境の変化によって担当事業が不採算化し、望まぬ部門に異動を迫られたりすることも大いにあり得ます。

これから先の働き方にフィットするのは、直線的なキャリアモデルではありません。棒高跳びの棒のようにぐっと力を溜め込んで、あるとき、その〝溜め〟から一気に力を放出するようなモデルです。

このように考えると、一つの組織の中で昇進や昇格という客観的な評価を受けなくても、その過程がキャリア形成の〝溜め〟だと捉えることができます。

つまり「キャリア＝職業経験」と狭義に捉えるのではなく、職業経験のほかに、様々なライフイベントなども含んだ時間的な経過、個人の歴史性を含む広義の意味で、「キャリア」という言葉を定義しています。

キャリアは、「結果」ではありません。

キャリアとは、個人が何らかの継続経験を通じて、能力を蓄積していく「過程」を意味します。そして、これまでの経験の「歴史」でありながら、これからの「未来」でもあるのです。

私なりに定義すると、キャリアとは、これまで生きてきた足跡（結果）であり、生き方を客観的・相対的に分析すること（現在）でもあり、そして、これからの生き方を構想する羅針盤（未来）なのです。

これまでは、富や名声を手に入れることや、組織の中で右肩上がりに昇進を続けること、そして成し遂げた軌跡を振り返って、「キャリア」という言葉が使われてきました。この文脈で語られるキャリアとは、組織内で目立ったアウトプットを出した人や、華やかな経歴を持つ人に限定して使われています。

けれど、それは間違っています。キャリアとはエリートの専売特許ではないのです。「キャリア」と「スキル」では意味が異なります。キャリアのある段階で習得されるのが、スキルだと認識すると分かりやすいでしょう。つまり、広義のキャリアの中で、技能として形成されるものがスキルなのです。

キャリアは、誰もが持っているのです。

〝The Career is Dead〟

それでは、プロティアン・キャリアについて理解を深めていきましょう。

〝The Career is Dead〟

これは1996年、ダグラス・ホール教授が出版した書籍のタイトルです。

「キャリアは死んだ」

この言葉には、従来型のキャリアは消滅し、これからは異なるキャリアを模索する必要がある、という思いが込められています。

ここで語られている従来型のキャリアとは、昇進、昇格、収入、地位、権力、社会的安定などが右肩上がりに上昇・増幅していくモデルです。

そんな従来型のキャリアとは全く違う捉え方をするのがプロティアン・キャリアです。

ダグラス・ホール教授のプロティアン・キャリアの定義を押さえておきましょう。

図4　伝統的キャリアとプロティアン・キャリア

	伝統的キャリア	プロティアン・キャリア
キャリアの所有者	組織	個人
価値観	昇進、権力	自由、成長
組織内外の移動の程度	低い	高い
成果	地位、給料	心理的成功
姿勢	組織的コミットメント	仕事の満足感 専門的コミットメント
アイデンティティ	組織から尊敬されているか （他人からの尊重） 自分は何をすべきか（組織認識）	自分を尊敬できるか（自尊心） 自分は何がしたいのか （自己認識）
アダプタビリティ	組織に関連する柔軟性 （組織内での生き残り）	仕事に関連する柔軟性 現行のコンピテンシー （市場価値）

注：ダグラス・ホール著2002『Careers In and Out of Organizations』著者訳・部分修正

「プロティアン・キャリアは、組織の中よりもむしろ個人によって形成されるものであり、時代と共に個人の必要なものに見合うように変更されるものである」

——ダグラス・ホール著1976『プロティアン・キャリア』（亀田ブックサービス、p.22）

この定義のポイントをまとめると、次の二つになります。

✓　キャリアとは組織の中ではなく、個人によって形成される

✓　キャリアとは変化に応じて、個人にとって必要なものに変更できる

伝統的キャリアとプロティアン・キャリアの違いについてまとめたのが、35のページの表になります。

組織内キャリアから個人のキャリアへ

伝統的キャリアからプロティアン・キャリアへの切り替えは、当初、ダグラス・ホール教授が予測した以上に時間がかかりました。

実際、私は人事担当者向けのセミナーに登壇した際、プロティアン・キャリアという言葉を聞いたことがあるかと質問をしました。すると、参加者30人のうち、手を挙げたのはたったの2人でした。

プロティアン・キャリアという考え方が、なぜ日本で浸透しなかったのか。理由は明確です。

この概念が提唱された1976年当時の日本は、高度経済成長期の真っ只中でした。

「働く＝終身雇用」が基本で、転職は会社への裏切り行為だという風潮が色濃かったのです。そのため日本で、会社の壁を越えて、移動しながら個人のキャリアを形成する働き方に目を向ける人は、ほとんどいなかったのです。

それよりも大切なのは、いま働いている組織の中でいかにキャリアを積んでいくか。つまり**会社の中でのキャリア、「組織内キャリア」**に注目が集まっていたのです。

組織内キャリアで重要視されたのは、組織がいかに個人のキャリアを育てるかという、キャリア・マネジメントでした。社員がモチベーションを維持し続けるための対策として、選抜や配置、昇進、昇格、訓練、研修などの実施と検証が繰り返されてきました。

根底にあるのは、個人のキャリアを育成することが、組織の生産性を向上させるという考え方でした。個人のキャリア形成に焦点を当てるプロティアン・キャリアを理解したり、評価したりできるような環境ではなかったのです。

最初にプロティアン・キャリアを提唱してから20年経った頃、著書『The Career is Dead』の中でダグラス・ホール教授は、「ピラミッド型組織の中で職務の階段を登りつめ、収入や組織内立場、社会的地位の向上を望むようなキャリアは終焉《しゅうえん》を迎えた」と警鐘を鳴らしていました。それにもかかわらず、その後も彼の考え方が日本で広がることはなかっ

図5　キャリア概念の理論的変遷

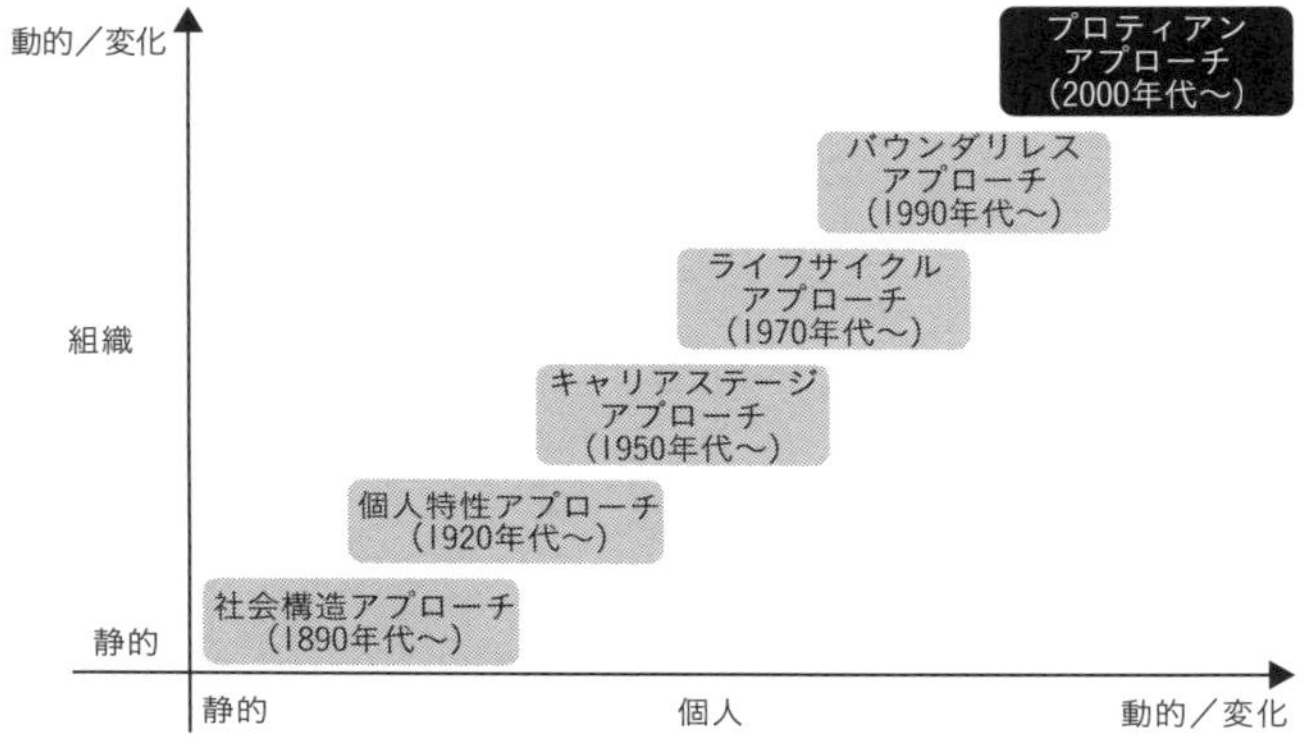

注：松本雄一著「キャリア理論における能力形成の関連性」を基に著者編集、加筆

たのです。

またダグラス・ホール教授は「1980年代は、組織内キャリアが全盛期であったように思われる。そう考えると、キャリアは、とてもプロティアン・キャリアと呼べるものではなかった」（ダグラス・ホール著1996『プロティアン・キャリア』＝亀田ブックサービス、まえがき）と振り返っています。

ここでプロティアン・キャリアに至るまでのキャリア論の理論的な変遷を押さえておきます。詳しいレビューは、関西学院大学の松本雄一教授が「キャリア理論における能力形成の関連性」という論文でまとめています。本書内の概説も、松本教授の論文を参考にしています。38ページの図と共に、解説をしていきましょう。

キャリア論の学問的なルーツは、1890年代の社会構造アプローチにさかのぼります。社会構造アプローチの特性は、社会の階層や構造が職業の決定に大きな影響を及ぼすという理解を前提にしています。

分かりやすい事例で言えば、高い社会階層の人々は専門性を高め、最先端の職種に就くことを希望する一方で、低い社会階層の人々は肉体労働などの職種を選びやすい。こうした実態を把握しようとしたアプローチでした。人々の行動は、社会構造によって規定されるという考え方が前提にあったのです。

この社会構造アプローチを参考にしつつも、**職業選択に関する諸々の意思決定のプロセスに重きを置いたのが、1920年代からの個人特性アプローチです。**

社会構造アプローチは社会学的な見識に基づくのが主流だったのに対して、個人特性アプローチでは、心理学の知見が用いられるようになります。特に、個人の持つパーソナリティ特性と職務特性とのマッチングに焦点を当てていきました。

こうしたアプローチはいまでも継承されていて、例えば大学を卒業して、就職する企業とのマッチングを、この個人特性アプローチを基に分析することもできるのです。

8	キャリアの成熟は、個人の成長から解放までのライフステージとサブステージの連続の中での、職業的発達の程度を表す心理学的構成概念である。社会的パースペクティブからは、キャリアの成熟は遭遇している発達課題と、個人の暦年齢によって期待される発達課題とを比較することで、操作的に定義されうる。心理学的パースペクティブからは、キャリアの成熟は個人の認知的・情緒的資源と、現在の発達課題にうまく対処するための資源を比較することで、操作的に定義できる。
9	ライフステージを通じての発達は、部分的には能力、興味、対処のための資源の成熟を促進することで、あるいは部分的には現実の吟味、自己概念の発達を助長することで導かれる。
10	**キャリア発達のプロセスは、本質的には職業的自己概念を発達・実現するプロセスである。**それは統合と妥協のプロセスで、自己概念は生まれつきの適性、身体的な特徴、多様な役割を観察したり演じたりする機会、役割を演じた結果を上司や同僚がどの程度承認しているか、などの間の**相互作用の産物**である。
11	個人と社会的要因との、あるいは自己概念と現実との統合と妥協のプロセスは、役割を演じることと、フィードバックから学ぶことのプロセスである。役割は空想やカウンセリングの面接で演じられたり、学校のクラス、クラブ活動、アルバイト、導入的な仕事のような現実生活でも演じられたりする。
12	職務満足や人生の満足は個人が能力、欲求、価値、パーソナリティ特性、自己概念の適当な発表の場をみつける程度による。満足感は仕事のタイプ・状況、成長や探索経験がその人にとって適当だと考えるような役割を演じられるような人生を、個人が送っているかによる。
13	**人々が仕事から到達する満足の度合いは、自己概念を実行することができた程度に比例する。**
14	仕事と職業はほとんどの人にとってパーソナリティ組織化の焦点を提供する。しかしその焦点が周辺的であったり偶発的であったり、存在しない人さえいる。レジャー活動や家庭のことのような他の焦点が中心になることもある。個人差と同じように性役割のステレオタイプやモデリング、人種的・民族的偏見、機会的構造は、労働者、学生、余暇人、家庭人、市民のような役割を選択する上での重要な決定要因である。

注：松本雄一著「キャリア理論における能力形成の関連性」より、太字強調は著者

社会構造特性アプローチや個人特性アプローチは、キャリア選択の結果を分析することを得意としていました。その半面、キャリアを形成する時間軸を、これらのアプローチでは把握することができません。

そこで1950年代からは、キャリアステージアプローチの研究が蓄積されていきます。**キャリアステージアプローチでは、ビジネスパーソンのキャリアは、いくつかのステージから形成されると理解されています。**これによって、社会構造アプローチや個人特性アプローチが見落としてきた時間軸を、キャリア分析の中に埋め込めるようになりました。しかし、ここまでの理論は働くことを前

図6　ドナルド・スーパー教授
キャリア発達理論の14の命題

1	人々は、能力やパーソナリティ、欲求、価値、興味、特性、自己概念において異なっている。
2	人々はこれらの特性によって、それぞれ多くの職業に適合する。
3	それぞれの職業は能力やパーソナリティ特性に特徴的なパターンを持つ。それぞれの職業に就いている個人に一定の多様性がみられるように、個々人もその広く多様な職業に就くことを許容されている。
4	職業に対する好みやコンピテンシー、人々が生活し仕事をする状況、そしてそこから自己概念も、時間や経験とともに変化していく。社会的学習の成果としての自己概念は、選択と適応に継続性を提供しながら、青年期後期から成熟期後期にかけて徐々に安定していく。
5	この変化のプロセスは成長、探索、確立、維持、解放の連続と特徴付けられる一連の**ライフステージ**（「マキシ・サイクル」）に集約され、翻って発達課題によって特徴付けられた期間へ細分化されるかもしれない。小さなサイクル（ミニ・サイクル）は次のステージへの**トランジション**の時、または病気やけが、雇用主の強制的な人員削減、人的資源のニーズの社会的変化、その他の社会経済的イベントや個人的イベントによって個人のキャリアが不安定になるそのたびごとに発生する。このような不安定、あるいは多様に逐次的なキャリアは、新しい成長、再探索、再確立のリサイクルを含んでいる。
6	**キャリア・パターン**――達成した職業レベルであり、施行期間、あるいは安定した職業の順序、頻度、期間――の特徴は、個人の両親の社会経済的レベル、内的能力、教育、技能、パーソナリティの特徴（欲求、価値、興味、自己概念）、キャリアの成熟、個人に示された機会によって決定される。
7	環境や個体の要求にうまく対処できるかということは、どんな与えられた**ライフ・キャリア・ステージ**の文脈においても、個人がそのような要求に対してどれだけ準備できているか（つまりキャリアの成熟）による。

提としたものをキャリアとしていました。

それを**働く人の人生そのものという視点で捉え直したのが、1970年以降のライフサイクルアプローチです。**アイデンティティ論でしばしば参照される心理学者のエリク・エリクソン教授の発達段階の考え方を用いて、人生全体の発達段階の中でキャリアを分析していったのです。

この発達段階としてのキャリアの捉え方は、のちにキャリア研究の大家でもあるドナルド・スーパー教授が、キャリア発達理論の14の命題として40～41ページの表のようにまとめています。

この命題は、キャリア発達を理解するうえで、どれも重要です。中でもプロティアン・

キャリアの形成を考えるうえでは特に、表内の10番目と13番目がカギになります。それが、この二つです。

✓ **キャリア発達のプロセスは、本質的には職業的自己概念を発達・実現するプロセスである。**

✓ **人々が仕事から到達する満足の度合いは、自己概念を実行することができた程度に比例する。**

ドナルド・スーパー教授の14の命題によって、ビジネスパーソンのキャリアとは、**自己概念を発展的に確立するプロセスであり**、諸々の関係者との相互作用によって形成されるものだと捉えられるようになりました。

それ以降のニューキャリア論として注目されたのが、1990年以降に研究が蓄積されている、**バウンダリレスアプローチとプロティアンアプローチです。**バウンダリレスアプローチが提唱される前までのキャリア論は、組織内キャリアを前提としていました。つまり組織という「境界（バウンダリ）」の中の議論だったのです。

しかしビジネスパーソンの働き方が変わり、一つの組織の中だけではなく、ほかの企業へ転職したり、あるいは組織をまたいで複数の業務を掛け持ちしたりするような、境界を行き来するキャリアモデルを分析するようになったのです。

そしていま、プロティアン・キャリアが注目されるようになりました。

終身雇用はもう限界

日本でも、プロティアン・キャリアが注目される土壌が整いつつあります。令和という新しい時代に入り、私たちは歴史的なターニングポイントに直面しています。

ここで改めて、私たちのキャリアを取り巻く雇用状況で外すことのできない方向性を確認しておきましょう。

まずは、国が70歳までの雇用を企業の努力義務として発表したことです。政府は高年齢者雇用安定法の改正に取り組んでいます（日本経済新聞2019年5月15日より）。65歳までの雇用を義務付けた現行法から、さらに5年間の延長を企業に要請することに

図7　70歳までの雇用を実現するための政府から企業への努力要請

希望者全員	具体的な対応策
雇用義務	定年延長
	定年廃止
	契約社員などでの再雇用
努力義務	他企業への再就職支援
	フリーランスで働くための資金提供
	起業支援
	NPO活動などへの資金提供

注：日本経済新聞2019年5月15日の記事を基に著者が加筆、修正

なります。もちろん政府も、70歳までの終身雇用を求めているわけではありません。高年齢者雇用安定法の改正で実現するのは、44ページの表の七つです。

希望に合わせて多様な対応策で、70歳までの雇用を確保してほしいというのが政府の努力要請です。

もう一つは、「終身雇用を守るのは難しい」と大企業のトップが口にしたことです。日本を代表するトヨタ自動車の豊田章男社長は、終身雇用を守るのは難しい局面に入り、そのうえで「雇用を守り続ける企業へのインセンティブがあまりない」と記者会見で発言しました。

経団連の中西宏明会長（日立製作所会長）も、「終身雇用は制度疲労を起こしている。終身雇用を前提にすることが難しくなってきている」という持論を展開し、メディアで報じられました。

国は70歳までの雇用を求める一方で、企業は終身雇用が厳しいと主張しているのです。「70歳まで働き続ける」というビジネスパーソンの姿は、いきなり具体的な今後の方向性として、示されるようになりました。

社会的には、できるだけ長く働くことが要請されています。一人でも多くの国民が働き、納税者として社会に貢献しなければ、医療制度や年金制度はまたたく間に破綻してしまうでしょう。

それなのに、企業は終身雇用を前提にする体力はないと打ち明けたわけです。

では、私たちはどうすればいいのでしょうか。二つの選択肢があります。

一つは、「企業は終身雇用をすべきだ」と断固として主張し続けること。

もう一つは、今後の方向性を理解したうえで、自分でできることで対応策を練っていくこと。

本書では、後者についての戦略を考えていきます。

ビジネスパーソンとして50年間、いかに働き続けていくかについて深掘りしていきます。自分で主体的にキャリアを形成する具体的なアクションとして、近年増えているのが三つのアプローチです。

一つ目は、社員が部門や役職、立場、事業所などの境界を越えて、会社に貢献する「バウンダリレス・キャリア」。

二つ目が、本職を持ちながら第二のキャリアを築く「パラレル・キャリア」です。

三つ目は「副業・兼業」。２０１９年６月にまとめられた国の成長戦略の柱の一つには、副業や兼業をしやすくする環境づくりが掲げられました。

これは企業に対して、働き方の多様化や人材の有効活用を求めるもので、「働き方改革」による労働時間の短縮も、副業や兼業を推進する原動力となるはずです。

企業側は今後、終身雇用を維持できないという姿勢を明確に打ち出してくるはずです。同時に社員には、むしろ自律的に稼げるスキルを身につけ、成長できる人材に変容するよう求めてくるでしょう。

最近ではビジネスパーソンも、会社の都合で数年ごとに担当する業務の内容や勤務地が変わる環境に、はっきりと「ノー」を突きつけるようになっています。

転職はもとより、パラレル・キャリアに興味を持つ人も増えるはずです。

日本の職場でもようやく「個人の復権」が実現しようとしているのです。

「組織内キャリア」をどんなに磨き上げても、会社は生涯を保障してくれません。企業と労働者の両者が、組織の中でキャリアを抱え込むことの限界を感じ始めているのです。

そして個人のキャリアに注目が集まるようになり、新たな考え方として可能性を見いだせるようになったのが、プロティアン・キャリアなのです。

プロティアン・キャリア論の理論的革新性は、一つの組織にとらわれず、組織内のキャリアにも拘泥《こうでい》することなく、自分で主体的にキャリアを形成する、「自律的キャリア」の重要性に焦点を当てていることにあります。

いつまで「鵜飼の鵜」を続けるのか

ここでプロティアン・キャリア論の三つのポイントを押さえておきましょう。

一つ目は、キャリアとは個人が創造するものであり、組織が管理するものではない、と

定義したこと。

二つ目は、キャリアに社会的な成功や失敗はなく、仕事の報酬は目標が達成されたときに得る「心理的成功」の獲得だと意味付けたこと。

三つ目は、仕事には遊びの要素が存在するため、生活との統合が可能だと提唱したこと。

一つ目に挙げた「キャリアとは個人が創造するもの」という定義について、ダグラス・ホール教授は「プロティアン・キャリアは組織の中で個人にもたらされるものではなく、個人が自己充足のために選択し、探求するもの」と意義付けています。

続けて、これまでのキャリア論が「組織が主で、個人は背景として描かれていた」のに対し、プロティアン・キャリアでは「組織は地面のようなもの」で、「個人が願望を求める場や媒体を提供するものだ」とも説いています。

個人の自立が進んだ米国でさえ、20世紀まで、キャリアは一つの組織の中で昇進するための尺度として捉えられてきました。

ところがダグラス・ホール教授は、「プロティアン・キャリアは組織とのつながり、雇用からキャリアを切り離す」とし、組織よりも「個人の時代」の到来を示唆したのです。

プロティアン・キャリア論が提唱された1976年当時は、個人のキャリア形成にフォーカスする社会状況でなかったにもかかわらず、です。

ダグラス・ホール教授は、ことのほか組織に依存するキャリア構築に否定的です。

「我々もまた学ぶ能力を持って力量を蓄えているが、一方、そのことによって貪欲な誰かに搾取される第一候補となってしまう。冷酷にも、我々の学校、職業、そして経営者が貪欲にも我々に教え込もうとしているのは、このような特質なのである。自分で注意を払わなければ、明確な自己意識を持っていなければ、このような特質が次第に、しかし確実に我々を（著者注：鵜匠により咥えた魚を吐き出させられる）鵜と同じにしてしまうであろう。それは心に沿った道ではない」

――ダグラス・ホール著1976『プロティアン・キャリア』（亀田ブックサービス、p.24）

組織に自分の仕事人生を捧げることを、まるで「鵜飼の鵜」のようだと形容しています。そうならないために、変化に対応しながら、自ら主体的にキャリアを形成していくことが不可欠なのです。

三つ目の仕事には遊びの要素が存在するという指摘については、続く第三章で、仕事での「フロー（没入）経験」から深く検討します。

社会との「関係性」が問われる

プロティアン・キャリアでは「関係性」を重視します。

伝統的なキャリアは、一つの組織の中で自己を捉えてきました。一方で、プロティアン・キャリアは、職場や職場の外、趣味のコミュニティ、地域のコミュニティなどの「関係性」の集合として、「変幻する自己」を捉えています。

新しい環境に移ったとしても、それまでいた環境と決別するわけではありません。それまで培ってきた経験とともに、新しい環境に合わせて、自らを変化させることなのです。

プロティアン・キャリアは、組織に属することを前提とした伝統的キャリアとは、次の三つの点で違いがあります。

第一に、プロティアン・キャリアでは、個人が様々なキャリアパスを取ります。大学を卒業し、就職した会社で働き続けるだけではなく、転職する人や、副業制度を利用してパラレル・キャリアを歩む人、育児や介護で時短勤務や一時休職をする人――。それぞれのライフステージに合わせてキャリアを柔軟に選択できます。

一つの組織の中に属し、組織内でキャリア形成するよりも、よりセルフカスタマイズしたキャリアの選択ができるようになるのです。

第二に、プロティアン・キャリアでは、個人が様々な空間で働き、生活するようになります。仕事とそれ以外、仕事と家庭といった明確な境界線を設定するのではなく、子育てや介護にも時間を使い、時間のマネジメントをしながらキャリアを築いていきます。テクノロジーの発達によって、在宅ワークや職場以外の場所からのリモートワークも可能になっています。通勤の頻度や時間も、働く個人のライフステージに適応させてその都度、アップデートしていくのです。

第三に、プロティアン・キャリアでは、個人を主たる対象として捉え、組織は個人が求める機会や場を提供するプラットフォームと考えます。個人は組織に従属するのではなく、個人がキャリア形成する場として組織が存立するようになるのです。

組織の中での経験を、次の組織にも生かしていく。いま所属する組織の経験を、組織間の壁を越えてオープンにしていくことを通じて、よりやりがいを感じて働くことができるのです。

『ライフ・シフト』が教えてくれたこと

私たちは、テクノロジーや医学の目覚ましい進歩によって、かつてない豊かな時間を手に入れました。「働き方改革」によって、労働時間はこれまでよりも短くなり、仕事以外のことに費やす時間が増えていくはずです。

新しく創出される時間を、どう使うのか。

これから個人を軸にキャリア形成するには、人生100年時代の生き方と、時間の使い方を考えなければなりません。

日本でもベストセラーとなった『ライフ・シフト』（東洋経済新報社）の中で、著者のリンダ・グラットン教授らは、経済学と心理学の蓄積に依拠しながら、次のようなことを述べています。

「長寿化時代には人生の設計と時間の使い方を根本から見直す必要があるのだ」

――リンダ・グラットン他著『ライフ・シフト』（東洋経済新報社、p.355）

まさにいま、みなさんの生き方と時間の使い方が問われています。

リンダ・グラットン教授らの指摘に、さらに耳を傾けてみましょう。『ライフ・シフト』では、次のように続きます。


「あとで変化を突きつけられるのではなく、いま変化を予期して行動することだ」

――リンダ・グラットン他著『ライフ・シフト』（東洋経済新報社、p.356）

「社会状況は刻々と変化していく。手遅れになる前に行動せよ」というメッセージを、私たちに突きつけているのです。変化の激しい世の中を生きるのに、過去のロールモデルは役に立ちません。大切なのは、「私が、そしてあなたが、いまどうするのか」です。

『ライフ・シフト』がこれほど多くの人に読まれた理由は、長寿化時代を悲観するだけでなく、その恩恵を受けるための処方箋を示したことにあります。

同時に変化に向けて準備し、対処することの重要性が、とても分かりやすく解説されています。そこに読者の多くが共感したのでしょう。

日本語版の序文には次のような一文があります。

「長寿化を恩恵にするためには、古い働き方と生き方に疑問を投げかけ、実験することをいとわず、生涯を通じて『変身』を続ける覚悟をもたなくてはならない」

――リンダ・グラットン他著『ライフ・シフト』（東洋経済新報社、p.7）

リンダ・グラットン教授らが説いた「変身し続ける生き方」と、プロティアン・キャリアの提唱者であるダグラス・ホール教授の考え方は、「自分で変化に対応し、キャリアを選択する」という点で、極めて親和性が高いのです。

働いていれば、誰しも目の前の問題に気を取られてしまいます。職場で抱く不満は、現状を何とか打開したいという真摯《しんし》な思いから生まれています。

ただ、たとえそうであったとしても、同時に、自分一人ではどうにもしようがない問題が世の中にあることも事実です。

であれば、**いますべきことは目の前の些末《さまつ》な問題と格闘して消耗することではなく、「自分の将来をきちんと見据えて、動くようにする」ことなのです。**

それを実践することが将来の「プロティアン・キャリア」につながっていきます。

アイデンティティとアダプタビリティ

プロティアン・キャリア形成の軸となるのが、アイデンティティとアダプタビリティです。この二つは、ダグラス・ホール教授が提唱するプロティアン・キャリア論の中でも重要な要素として扱われています。

アイデンティティとは、「自分とは何者であるのか」ということ。

ビジネスシーンであれば、「ビジネスパーソンとしての私らしさは何か」を意味します。自分らしい仕事に没頭できれば、心理的な達成感は高まります。いまの仕事に満足しているビジネスパーソンの多くは、仕事上でアイデンティティを確立できている人だと言っても過言ではありません。

けれど、こんな疑問が思い浮かびます。

「自分らしく働いたとしても、売り上げが伸びなければ給料は増えない」

「自分らしく働いても成果が出なければ、評価は下がってしまう」

もちろん、その通りです。

大切なのは、自分らしく働いてアイデンティティを確立することと同時に、それが市場や組織から求められていること。この状態が最も理想的なのです。

逆に言えば、社会的なニーズとずれたアイデンティティをよりどころにしても、ビジネスシーンでは歓迎されません。


そのために重要になるのがアダプタビリティです。

アダプタビリティとは「環境や社会の変化への適応力」、つまりビジネスシーンでは「組織の変化に順応する力」のことです。

仕事にやりがいを感じて没頭できている人は、アイデンティティとアダプタビリティのバランスが取れたプロティアン・キャリアを形成している過程にあります。

一方で、「いまのまま仕事を続けていいのか」とか「仕事のやりがいを感じられない」

と思っている人は、アイデンティティとアダプタビリティが不均衡な状態に陥っているのです。

そしてビジネスパーソンの悩みの大半は、このアイデンティティとアダプタビリティのずれから生じています。

ダグラス・ホール教授が個人のキャリアから組織との関係性を見る、プロティアン・キャリアを提唱している背景には、組織内キャリアでは確立しにくいビジネスパーソンとしてのアイデンティティを、プロティアン・キャリアで取り戻すことができると考えているからです。

誰だって、上司や部署から与えられた肩書きや他人の評価ばかり気にしていては生きづらいはずです。特にキャリアにつまずいたときは、「こんなはずじゃなかった」と誰かを恨みたくもなります。

けれど精神的に自立し、アイデンティティを確立できていれば、尊厳を持ったまま組織の中で働くことができます。そしてその姿勢が、プロティアン・キャリアをより実践させやすくなるのです。

このように、キャリアを個人の軸から客観的に捉えることで、職場でのストレスの要因を俯瞰《ふかん》して捉えることができたり、職場の環境改善へアクションしていくことができます。プロティアン・キャリアでは、あなた自身が、それぞれのキャリアをプロデューサーとして育てていきます。

一つの組織にキャリアを預けるのではなく、私たちは自分のキャリアを自分でプロデュースし、形成していく。だからこそ主体的なキャリア形成ができるのです。

第 2 章

「キャリア資本」の構築

組織を活かし、変幻自在に生きる

早速ですが、あなたは次のどちらのタイプに当てはまりますか。

Aタイプ：組織に身を任せて、目の前の仕事をただ何となくこなす

Bタイプ：自分をマネジメントし、この先の人生を見据えて目の前の仕事を生かす

大学を卒業して、新入社員として働き始めると、最初に経験するのが新人研修です。この新人研修では仕事に必要な社会人としてのコミュニケーションや、仕事への向き合い方を学びます。

新人研修は、いわばビジネスパーソンの通過儀礼（イニシエーション）。その過程で、組織の中での働き方についても、徹底的に身につけていきます。見方を変えると、ここで組織の中での働き方が刷り込まれていくのです。

とはいえ、30代、40代のミドル層にとって、新人研修ははるか昔のこと。なかなかすぐには思い出せない人も多いのではないでしょうか。

そこで、当時のリアルな感覚をよみがえらせるために、社会人2カ月目の声を聞いてみましょう。

「現在、新卒入社2カ月目です。大学時代は、ある学生団体に所属して、キャリア教育支援の活動をしていました。情熱を共にする仲間と活動に打ち込める経験が本当に楽しくてのめり込んでいました。**でも、その燃えるような感覚が社会人になってから全然なくて。**就職活動中も、『熱意を持った仲間と共に働ける職場』という軸で企業を選んでいたつもりです。学生団体での活動と同じくらい、もしくはそれ以上に真剣に仕事に打ち込めると判断して、いまの会社を選びました。ところが、入社後は目の前の雑務をこなすことに精一杯で、高い視座で業務に取り組むことができずにいます。上から与えられた目標の達成を強制されているような感覚がして、どうもうまくマインドセットできません。甘ったれたことを言っているのかもしれませんが、雑務ばかりで終わってしまう毎日の中にあっても、『社会のために新しい価値を生み出す』『志を同じくする仲間と成長していく』といった高い視座を維持しつつ、学生時代に感じていたあの情熱を持って仕事に打ち込むにはどうしたらいいのでしょうか」

（新社会人のためのコミュニティ「en-courage next」内の『月曜日の1on1』より抜粋後、一部編集）

新人研修を終え、現場で働きだしてから、「燃えるような感覚がなくなる」「上から与えられた目標の達成を強制されている感覚がする」と感じるようになるのが、新人ビジネスパーソンのリアルな声です。こうした悩みを乗り越えながら、組織の中で働くことを覚えていくのでしょう。

恥ずかしながら、私もかつてはAタイプの「組織に身を任せて、目の前の仕事をただ何となくこなす」ような社会人でした。与えられた仕事をこなすことが、働いて給料をもらうことだと思っていたのです。会議に出て、求められることだけを粛々とこなすような組織内社会人だったのです。

与えられた仕事をこなすビジネスパーソンは、組織に大きな迷惑をかけることはありません。けれど、組織の中の全員がそんな働き方を続けていれば、あっという間に組織そのものが弱くなってしまうでしょう。社会の変化のスピードに、組織が付いていけなくなりますから。

厳しい競争環境の中で、会社そのものが勝負に負けてしまえば、どんなに会社に迷惑をかけなかったとしても、いつかは職を失ってしまいます。

ですから、あなたが現在Aタイプなら、Bタイプのビジネスパーソンへ変身していくこと。意識を変え、行動を変えていきましょう。変わっていかなければ、どのみち変化の激しいこれからの時代に、70歳まで働き続けることはできません。

組織に身を任せて、目の前の仕事をただ何となくこなすAタイプのビジネスパーソンとしてイメージするのは、これまで日本型の雇用に守られてきた「組織内ビジネスパーソン」です。

一方で、自分をマネジメントしてこれからの人生を見据え、目の前の仕事を生かすBタイプのビジネスパーソンとしてイメージできるのは、社会の変化に適応していく「変幻自在なビジネスパーソン」です。

もちろん、どちらの働き方を選ぶのも、あなた次第。

けれど、Aタイプのまま働き続ける方が、リスクは大きいはずです。

昇格や昇進より心理的な成功を

プロティアン・キャリアが目指す方向は、昇格や昇進といった組織内の成功ではありません。では、プロティアン・キャリアでは何を大切にしているのでしょうか。

提唱者であるダグラス・ホール教授は、プロティアン・キャリアで大切にするのは、**「自らのやりがいや目的を達成したことで得る心理的な成功」**だと述べています。

もしかすると、読者のみなさんの中にはどうしても周囲の評価が気になるという人もいるのではないでしょうか。誰にどのように思われるかばかり気にして、本来の仕事のおもしろさを忘れ、自分自身を見失っているのかもしれません。

であれば、**まずは自分自身を取り戻すのです。**そのためには、自分が置かれている状況を把握する必要があります。

分かりやすいように、仕事のキャリアとプライベートのキャリアに、それぞれ分けて見ていくことにしましょう。

ここでは、ビジネスキャリアとライフキャリアの二つに分類します。

図１　個人のキャリア形成における「気づき」

		初期キャリア形成（　　）	中期キャリア形成（　　）	後期キャリア形成（　　）	ポストキャリア形成（　　）
キャリア	ビジネスキャリア				
	ライフキャリア				

注：2019年著者作成

働くことに関する不安や不満をビジネスキャリアの項目に、それ以外の家庭や地域、そのほかの諸々のライフイベントに関わる不安や不満をライフキャリアの項目に書き込んでみます。

まず、キャリア形成を四つに区分します。

この区分は、20歳から30歳までの10年を「初期キャリア形成期」、30歳から40歳までを「中期キャリア形成期」というように、生物学的な年齢で分けるのではなく、キャリアの転換期で分けていきます。

つまり、**キャリア年齢を基に考えるのです。**

個人のキャリア形成では、ビジネスキャリアとライフキャリアの良好な関係性を維持していくことが望ましいことは、経験的にも感じられますよね。仕事のパフォーマンスが良くても、家族との関係がうまくいっていなければ、当然のことながら心理的成功は得られません。

このように書きだすと、人生100年時代を自分の力でマネジメントしていく方向性がぼんやりと見えてきます。仕事、家庭、友人、趣味――。

参考までに、私のキャリア形成における「気づき」を67ページにまとめてみました。

この気づきリストは、自分自身のキャリア形成を見つめ直す作業になります。過去を振り返り、現状を見つめ、未来を構想していくのです。

私はいま、中期キャリア形成から後期キャリア形成への移行期と捉えています。後期キャリア形成の30年間は、より緻密なキャリア戦略を立てなければなりません。

このキャリア形成の気づきをその都度、更新していけばいいのです。

ある程度、方向性を意識することで、いま、やるべきこととやらなくていいことの判断で、迷うことがなくなります。

図2　私のキャリア形成における「気づき」

		初期キャリア形成（26～30歳／在外研究）	中期キャリア形成（30～40歳／大学教員）	後期キャリア形成（40～70歳／大学教員と企業顧問）	ポストキャリア形成（70歳以降）
キャリア	ビジネスキャリア	研究はしているものの、思うようにアウトプットできていない。研究職に就けるのか	大学教員として、複数の大学で講師を経験。大学内だけのキャリアに疑問を持つ	大学教員として研究成果を出しつつも、企業の顧問として、社会貢献に携わる	定期的な収入がなくなり、生活のダウンサイジングが必要。収入源はいくつか確保する
	ライフキャリア	海外生活で様々な経験を積む。国内に戻るか、海外に残るか、大きな決断を下す	2人の娘が、小学校や中学校へ進学。習い事や受験などを考える。進路はどうするか	大学や企業関係以外のコミュニティで活動を充実させていく	健康状態は全く予想がつかない。時間を豊かに使う趣味を持つ

注：2019年著者作成

キャリアの8割は偶発的に決まる

プロティアン・キャリアでは、キャリアを過去の実績と捉えるのではなく、未来への羅針盤として捉えます。

このようなメッセージを伝えると、「世の中の変化は誰にも分からないのだから、キャリアを戦略的かつ長期的にプランニングするのはムダですよ」という反応が時折、返ってくることがあります。

その根拠として持ち出されるのが、米スタンフォード大学で教鞭を執っていたJ・D・クランボルツ教授らが提唱した「計画された偶発性理論（Planned Happenstance Theory）」です。この理論は、キャリアの考え方として日本でも浸透しています。

中でもよく知られているのが、「個人のキャリアの8割は予想もしていない偶発的なことで決定される」という考え方です。

偶発的なことで決定するのだから、キャリアを戦略的かつ長期的にプランニングするのは意味がない、とプロティアンな生き方を批判する声が時折、上がるのです。

しかし、これは誤解です。

クランボルツ教授らが主張したのは、「その偶発的な出来事に備え、計画的に設計し、個人のキャリアをより良く形成しましょう」ということでした。

つまり予想もしない偶発的な出来事でキャリアは決定されるので、準備してもムダだと主張しているわけではないのです。

主張はむしろ、その逆。**予想もしない偶発的な事柄が生じたときに対応できるよう、計画していきましょう**、と述べているのです。

そのためにクランボルツ教授らがまとめているのが、69ページにまとめたような五つの行動特性です。

これらの五つの行動特性を日頃から心掛けて計画的に行動し、予想もしない偶然を引き

図3　計画的偶発性を引き寄せる5つの行動特性

行動の特性	行動の指針
好奇心（Curiosity）	常日頃から新しい学習の機会を模索し続けること
持続性（Persistence）	失敗に屈せず、努力し続けること
柔軟性（Flexibility）	こだわりを捨て、信念、概念、態度、行動を変えること
楽観性（Optimism）	新しい機会は必ず実現する、可能になるとポジティブに考えること
冒険心（Risk Taking）	結果が不確実でも、リスクをとって行動を起こすこと

注：J.D.クランボルツ、A.S.レヴィン著『その幸運は偶然ではないんです！』（ダイヤモンド社）より抜粋

寄せて、キャリア形成をしましょうという主張なのです。

彼らの主張を正しく理解すると、「計画された偶発性理論」と、プロティアン・キャリア論は、個人のキャリアを未来軸で捉えるというところで、共通性を見いだすことができます。

そして個人の生涯を視野に入れてキャリアを考えていく際、その人がどれだけ成長したのかに焦点が絞られます。これは当然のことです。そのとき、**これまで多くのキャリア論で用いられてきたのが、キャリア発達という視座です。**

自分の経験を振り返っても、子供から大人になる過程で身長が伸びたり、体重が増えた

り、声変わりしたりという、目に見える成長を遂げてきました。同じように、キャリアもそれぞれの発達段階を経て形成されると捉えられてきました。

しかし大人になると、発達しているという自覚を持てる経験は、日々少なくなっていきます。

例えば、退職後のキャリアはどう捉えたらいいのでしょうか。退職すると、その人のキャリアは終わってしまうのでしょうか。そう考えるのは間違っています。**キャリアとは働くことを意味するのではなく、生きることすべてを意味するのですから。**

ダグラス・ホール教授もその点を重視して、キャリアとは生涯にわたる経験の積み重ね、個人が学び続ける場と捉えるべきだと述べています。

ただ同時に、ダグラス・ホール教授は、自ら主体的に動き、変化し続けることで、いかなるキャリアが形成されていくのかについては踏み込んでいません。

さらに行動特性は、キャリアを形成していくための「構え」のようなもので、より具体的な「戦略」に落とし込むことはできません。

経営戦略を練るようにキャリアを考える

キャリアとは、自らデザインしていくものです。本書ではこの考え方に立脚点を置いています。

とはいえそれは、キャリアという考え方を個人の内側へ閉じ込めることではありません。キャリアをアカデミックな世界の専売特許にするものでもありません。

「組織の中」で捉えられてきたキャリアから、「キャリアの中」で組織を捉えるように、認識を変えること。組織に預けてきたキャリアを、自らの手に取り戻す行為でもあります。

本書で重ねて紹介しているダグラス・ホール教授のプロティアン・キャリア論は、これからの時代を生き抜くヒントになります。それは間違いありません。

ただ、不満点が二つあります。個人を軸にしたキャリアで多くの示唆を提示しているのに、あえて書かれていないことがあるのです。

一つは、プロティアン・キャリアを形成する日常的な実践方法について、触れられていないこと。

もう一つは、プロティアン・キャリアの形成と収入の関係については、検討されていないことです。

この二つについて、私は本書で次のような打開策を提示していきます。

まず、プロティアン・キャリアの実践方法は、すでに私たちが組織の中で活用している考え方をキャリアに適応させながら、具体的に探っていくことができるのです。

企業には経営戦略、組織戦略、事業戦略などの考え方があります。それをキャリアに適合させていくのです。


組織戦略の考え方を参考にしながら、キャリア戦略を考えていく。また会社の財政状態を分析するうえで不可欠な資本という見方も取り入れ、キャリア資本を分析していきます。

組織　↓　キャリア
組織診断　↓　キャリア診断
組織戦略　↓　キャリア戦略
事業資本　↓　キャリア資本

図４　「組織と個人」の関係図

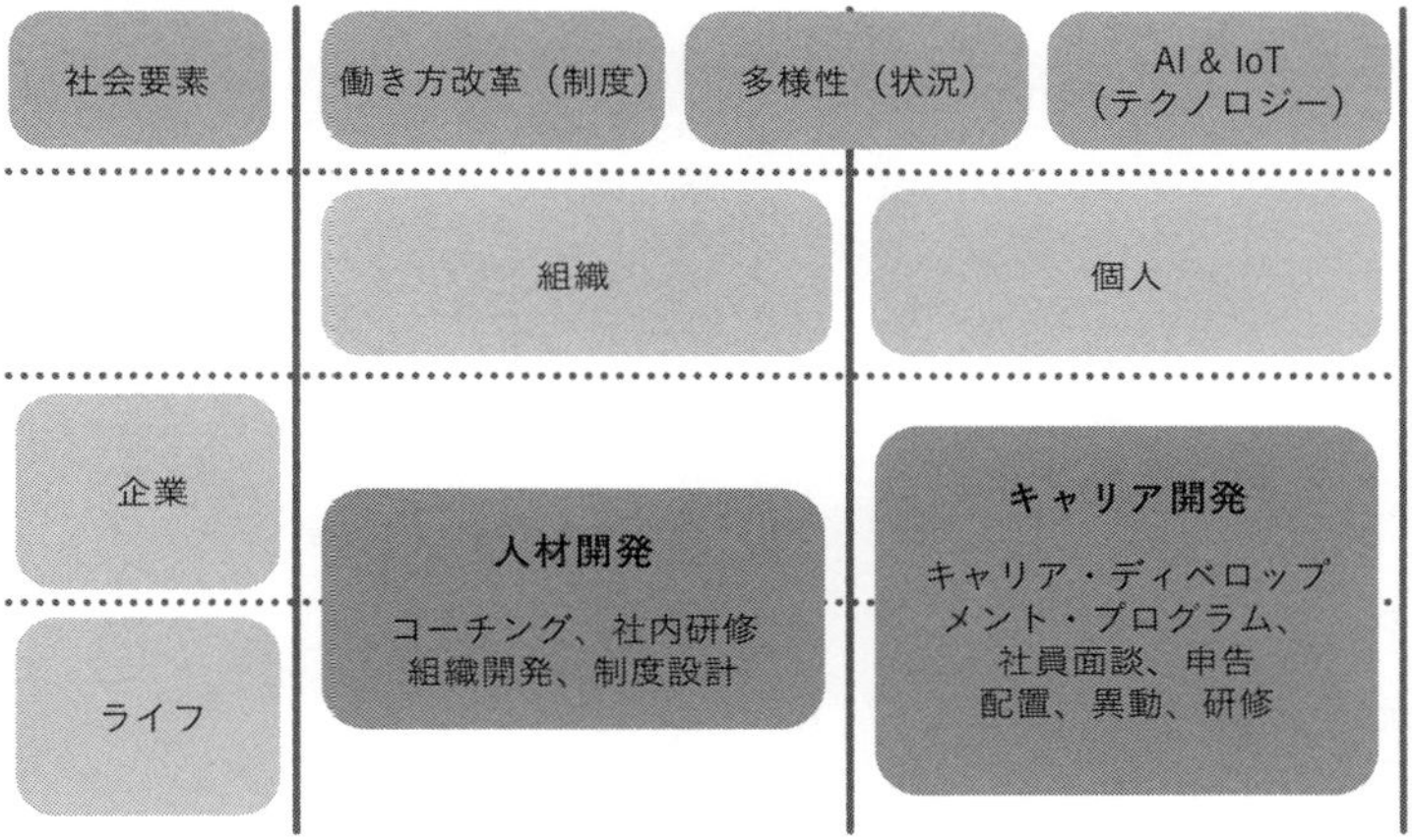

注：2019年著者作成

組織内で重視されてきた人材開発の視点から、個人を軸に職場とそれぞれのライフステージの中でキャリアを形成するようなキャリア開発の視点が重要になります。

組織で蓄積されてきた知見を、キャリアに適合させていくのです。

そうすることで、二点目の不満点である収入との関係についても、踏み込むことが可能になります。

変幻自在にキャリアを形成すると、収入はどう変わるのか。ビジネスパーソンなら誰もが気になるところではないでしょうか。

ダグラス・ホール教授は、キャリアを「仕

事上の結果」と捉えず、「人生における過程」と考えることで、仕事や家庭、友人、趣味など、あらゆる関係性を重視しました。関係性を重視する点については、本書の第四章にまとめた社会関係資本の形成で詳しく触れます。

プロティアン・キャリアについて、「外的に決められる成功の基準ではなく、心理的な成功感を得たいという内的なもの」という部分にばかり主眼を置くと、生活の基盤となる経済基盤の形成が軽視されてしまいます。

これは、ともすれば「経済的な豊かさではなく、精神的な豊かさを手に入れましょう」という主張にもつながってしまいます。

私はその点で、ダグラス・ホール教授の提唱とは異なった見解を持っています。

プロティアン・キャリアを形成することと、お金を稼ぐことは矛盾しない。

生活の内面的な質を高めるだけでは、プロティアン・キャリアの概念がかえって矮小化されかねません。経済的な豊かさから精神的な豊かさを求める働き方へ認識を変えるだけでは、神プロテウスのように、変幻自在にキャリアを構築することはできないのです。

そこで私は、ダグラス・ホール教授とは異なる可能性を、プロティアン・キャリアの形成に見いだしています。

私の考えるプロティアン・キャリアとは、ダグラス・ホール教授からもう一段階、発展的に捉えて、精神的な豊かさを高めながら、経済的な豊かさも手に入れるキャリア形成術なのです。

そのうえで、私たちが考えなければならないのは、ビジネスパーソンの様々な行動によって何が蓄積されるか、ということです。**カメレオンのように表面的に「姿」を変えるのがプロティアンなのではなく、変化しながら、経験を蓄積する内面的な変身こそ、プロティアン・キャリアの本質です。**

そして**プロティアン・キャリアを形成するには、個人の「キャリア資本（Career Capital）の蓄積」に力点を置きましょう**、と提案したいのです。

あなたの「資産」を見直そう

キャリア資本の概念については、二人の研究者の知見を参考にしています。

一人は経済学者、リンダ・グラットン教授らの「無形資産」という視点。もう一人は、社会学者、ピエール・ブルデュー教授の「資本論」です。

このニ人の専門的知見を参考に、本書で私は、ダグラス・ホール教授が提唱しているプロティアン・キャリア論に、キャリア資本論を接続させる試みに挑戦します。

これによって、自ら変幻自在にキャリアを形成する土台となる思考法を手に入れることができるのです。

キャリア資本の考え方は、「キャリアが変わることで何を蓄積しているのか」。それによって、プロティアンの「厚み」を捉えることができるようになります。

そのためにはまず、ビジネスパーソンとして私たちが所有している「資産」を見ることからスタートしましょう。個人にとって資産とは、有形資産と無形資産に分かれます。

有形資産とは、預貯金、株式、土地、クルマなど。

無形資産とは、スキル、知識、友人、家族、肉体的・精神的健康、ネットワークなど。直接的にはお金に換算できない資産を指します。

有形資産は目に見える資産で、無形資産は見えにくい資産、と理解すると分かりやすいと思います。

ここで気がつくことがあると思います。

私たちはビジネスパーソンとして働くようになってから貯蓄、株、土地などの有形資産の購入や運用については、話を聞く機会に恵まれています。けれど無形資産の蓄積や運用については、考える機会が圧倒的に少ないのです。

私たちは資産を、働いて稼いだお金で購入する有形資産のことだと想定しています。しかしキャリアを形成することは、金銭的な報酬を得ることばかりを目的としているわけではありません。

これから「キャリア資本」という理解を深めていきますが、その出発点としてスキル、知識、友人、家族、健康、ネットワークなどを私たちにとって大切な資産として捉えるようにしましょう。

日頃から意識することのないごく当たり前の事柄を、**無形資産として捉えることで、長期的な視点での取り組みや関わり方が可能になります。**

友人、自己理解も「無形資産」

この無形資産に注目したのが、リンダ・グラットン教授とアンドリュー・スコット教授です。二人は著書『ライフ・シフト』（東洋経済新報社）の中で、「お金より大切なものは、無形資産である」と提唱しています。


継続的に学びスキルや語学能力を高めていくこと。

日頃から食生活を気をつけ、健康な状態を維持すること。

友達や家族を大切にすること。


これらが、私たちの生活を精神的に豊かにしていくのです。

それでは、無形資産の中身を見ていくことにしましょう。

ちなみに遺伝的・先天的な要素は無形資産から除外して考えます。後天的に、本人の選択によって形成されるものが無形資産です。

図5　無形資産の構成

資産の種別	資産蓄積をもたらす主要内容	資産蓄積をもたらす要素
生産性資産	所得を増やすのに役立つ資産	スキル、知識
活力資産	肉体的・精神的な健康と幸福	健康、友人、パートナー、家族
変身資産	自己を変身させる意思と能力	自己理解、人的ネットワーク(外部)

注：リンダ・グラットン、アンドリュー・スコット著『ライフ・シフト』(東洋経済新報社)から抜粋後、著者が要約

無形資産は（1）生産性資産、（2）活力資産、（3）変身資産の三つに分類されます。

（1）生産性資産は、仕事の生産性を高め、所得とキャリアの見通しを向上させるのに役立ちます。語学、プログラミング、ライティング、編集、統計処理など、様々なスキルや知識が生産性資産になります。

生産性資産を増やすうえで見逃せないポイントが二つあります。

一つは、「いつ」身につけるのか。もう一つは、「どの種類の」生産性資産を身につけるのか。

生産性資産を増やすということは、人生

100年を通じて、常に学び続けるということです。

これまでは、一度大学を卒業すると、人は学ぶことを終え、生産性資本を増やすことはできませんでした。また語学やプログラミング言語は、お金を払えばすぐに習得できるわけでもありません。お金を投じるだけでなく、相当の時間をかけなければ資産化することはできないのです。

そのため、あなた自身のライフステージのどのタイミングで集中的に資産化するための投資をするのか判断することが重要になります。

無理のない範囲で集中的に継続することが生産性資本を蓄えるカギになります。

また、「どの種類の」スキルや知識を資産化するかも重要になります。

これまでの経験はすでに資産化されているので、そのうえでどんな資産を増やすのか、戦略的に考える必要があるのです。

どのようなスキルや知識が、これからの時代に必要とされるのか。

それを見抜き、時間をかけて資産化していきます。誰もが持っているような凡庸な資産であれば、有形資産の形成につながる確率は低くなります。強みという曖昧《あいまい》な認識ではなく、資産として戦略的に管理していくのです。

(2) 活力資産は、肉体的・精神的な健康と、心理的な幸福感・充実感から形成されます。

テクノロジーの進歩や大きな社会変化の中で、最も変わりにくいのはあなたの身体です。突発的な事故や災害などによる想定外のダメージを除けば、身体の状態は時間をかけて維持されます。もちろん、健康な状態は何もせずに維持されているわけではなく、適切な食生活や定期的な運動を重ねて活力資産として形成されます。

こうして良好な身体を維持しながら、良好な人間関係を構築していきます。

リンダ・グラットン教授はこの良質な人間関係について、著書『ワーク・シフト』(プレジデント社)の中で、心の支えと安らぎをもたらす前向きで親しい友人ネットワークからなる「自己再生のコミュニティ」が必要だと触れています。

また、活力資産は親しき仲間への「感情の投資」からも形成されます。

(3) 変身資産は、人生の途中で変化と新しいステージへの移行を成功させる意思と能力を意味します。

この変身資産は、リンダ・グラットン教授らの著書『ライフ・シフト』(東洋経済新報社)

の中で、最も独創的でカギとなる考え方です。同時に、無形資産の中でも最も大切でイメージしにくいのが、この変身資産です。

というのも、人間というのは年齢を重ねると、どうしても生き方や働き方の形が確立されていきます。そのためつい、日々の行動や考え方を変えない方が何事もなく進んでいくような気になるのです。変わらないことが安定だと思ってしまうわけです。

しかし、ここで感じる変わらないことによる安定には大きなリスクが潜んでいます。なぜなら、**変わらない日々の中では、変身資産が蓄積されないからです。**

無形資産が金融資産に変わる

リンダ・グラットン教授らの問題提起で評価すべき点は、二つあります。

一つは、私たちにとって感覚的に大切だと思われていることを、「無形資産」と名づけ、意識的かつ計画的に管理できるものだという視点を提示したことです。

有形資産と無形資産の考え方を取り入れることで、いかなる資産を中長期的にどう蓄積していくのか、意識的に組織から個人を解放し、長寿社会を豊かに生き抜く人生設計を立ていくことができるようになります。

キャリアのミドル期に、いかに変われるか。

変わらないことで得られる目先の安定ではなく、変わり続けることで変身資産を形成することが、人生１００年時代を生き抜くカギとなるのです。

もう一つは、無形資産がそれ自体として価値があるだけでなく、有形の金融資産の形成を手助けし、人生１００年時代を豊かに過ごすために欠かせない資産運用になると提起したことです。無形資産を増やすことは、それ自体が幸せなことであると同時に、有形資産の形成にもつながると教えているのです。

これによって、これまでどちらかというと、仕事と家族、仕事と余暇、同僚と友人というように、稼ぐこととそれ以外を分けてきた私たちの価値観を見直し、それぞれのバランスを取り、つないでいく視点を手に入れることができるようになりました。

言い換えるなら、これまでは感覚的な範疇《はんちゅう》にとどまり正当な評価を受けていなかった、無形の資産を再評価することができるようになったのです。

無形資産を棚卸ししよう

では早速、あなたがそれぞれのキャリアステージで、いかなる（1）生産性資産、（2）活力資産、（3）変身資産を形成してきたのか、整理してみましょう。

無形資産と有形資産を合わせた複合的な資産管理は、現在の資産分配状況を可視化させるだけではありません。最大のメリットは、この資産管理の表を作成することで、今後のライフプランを構想できるようになるのです。

あるキャリアステージで労働の対価としての有形資産が増加傾向にあったとしても、無形資産が増えていないのであれば、人生１００年時代を生き抜くうえでは不安が募ります。

逆に現状の生活をするうえで必要最小限の有形資産しか形成できていなくても、無形資産が豊かであれば、その日々は自己充実度も幸福度も高くなります。無形資産の形成が、いずれ有形資産の形成につながることも期待できます。

図6　無形資産の構成

資産の種別	資産蓄積をもたらす主要内容	資産蓄積をもたらす要素
生産性資産	所得を増やすのに役立つ資産	スキル、知識
活力資産	肉体的・精神的な健康と幸福	健康、友人、パートナー、家族
変身資産	自己を変身させる意思と能力	自己理解、人的ネットワーク（外部）

⬇

無形資産の自己分析

資産の種別	２０代〜３０代	３０代〜４０代	４０代〜５０代
生産性資産			
活力資産			
変身資産			

注：リンダ・グラットン、アンドリュー・スコット著『ライフ・シフト』（東洋経済新報社）から抜粋後、著者が要約し表を作成

図7　キャリアの貸借対照表

貸借対照表

資産	負債
	資本

キャリア資本表　①

無形資産	負債
有形資産	資本

キャリア資本表　②

<table>
<tr><td rowspan="2">無形資産
（生産性資産）
（活力資産）
（変身資産）</td><td>（投資）負債</td></tr>
<tr><td rowspan="2">資本</td></tr>
<tr><td>有形資産</td></tr>
</table>

注：2019年著者作成

キャリアを貸借対照表に落とし込む

有形資産と無形資産については、理解できたでしょうか。

次にポイントとなるのが、これらの資産をいかに増やすのか、あるいはいかに資産を形成していくのか、ということです。

ここで理解を深めるために、企業経営でも活用される貸借対照表の考え方を、キャリアに適応してみることにします。

貸借対照表、つまりバランスシート（B／S）とは、一定時点における企業の財政状態を示したもの。

企業の「資産」「負債」「資本」を、対照表

図8　キャリア資本表の例（具体的な項目事例）

無形資産 (生産性資産) **テクニカルスキル**:文書作成、記録、時間管理、デザイン、プログラミング、アウトプット、タスク管理、語学 **コミュニケーションスキル**:コミュニケーション、ビジネスマナー、プレゼンテーション **インサイトスキル(洞察・分析)**:知識、質問力、思考力、問題解決、戦略、プロジェクトマネジメント、財務・会計 (活力資産)健康、友人、パートナー、家族 (変身資産)自己理解、人的ネットワーク(外部)	(投資)負債
有形資産 預貯金 株式 投資信託 債券 財形貯蓄 土地 クルマ 生命保険 損害保険 個人年金保険	資本

注:2019年著者作成

示することで、その企業の財政状態を明らかにすることができます。

　貸借対照表は左右の項目に分かれていて、左側に「資産」があり、ある時点における資産の額が示されます。右側には「負債」と「資本（純資産）」が記載されています。

　このバランスシートを個人のキャリア資本に当てはめると、上のような表に落とし込むことができます。

　貸借対照表の中で、無形資産と有形資産を組み込みます。

　このようにすると、資産のところは整理できるようになります。キャリア資本の中で資産の内訳を客観的に把握することができるようになります。

87ページのキャリア資本表の例には、いくつかの資産をサンプルとして書き込んでみました。あくまでも例ですから、あなた自身が形成している資産をまとめてください。

プロティアン・キャリアの形成を通じて、これらの無形資産と有形資産を管理していきます。

どの項目の資産を増やすのか明確にすることで、計画的に準備を進めることができます。

次にポイントとなるのは、いかなる資産をどう増やすのかということ。

それが貸借対照表の右側の項目にある負債と資本になります。

個人のキャリア形成において、負債というのはイメージしにくいかと思います。ですから、いまある資産をどう自己投資するのかという観点で考えるようにしてください。

ここまでは、経済学者のリンダ・グラットン教授らの有形資産と無形資産の考え方を通して、キャリアにおける資産について理解を深めてきました。

ここからは、社会学者のピエール・ブルデュー教授の資本論を用いて、キャリアにおける資本の理解をさらに進めていきましょう。

プロティアン・キャリアに必要な三つの資本

プロティアン・キャリアを、次の三つの資本の総体として捉えることができれば、社会や組織の変化に応じて、いかなる資本を形成すればいいのかが、よりクリアに理解できるようになります。

（1）ビジネス資本……スキル、語学、プログラミング、資格、学歴、職歴などの資本
（2）社会関係資本……職場、友人、地域などでの持続的なネットワークによる資本
（3）経済資本……金銭、資産、財産、株式、不動産などの経済的な資本

プロティアン・キャリアで形成されるものを資本として捉えれば、環境に適応して変幻する行為や意思決定が一時的なものではなく、個人を軸とした長期的な資本だと、客観視することもできるようになるはずです。

プロティアン・キャリアで形成される「社会関係資本（social capital）」と、リンダ・グラ

ットン教授らが提起した「無形資産（intangible asset）」はどちらも、経済的な価値に直接的には換算・還元されない継続的な行為です。

ただ私は、プロティアン・キャリアの形成を通じて、ビジネス資本や社会関係資本を蓄積すると、経済資本も大いに変わると考えています。再生産の範疇《はんちゅう》を越えた行動によって、資本の蓄積に可能性を見いだしているのです。

現代でも社会の格差が世代間で継承される傾向は否定できません。けれども社会的な格差以上に、これから先は行動による格差が、資本の蓄積に大きな影響を及ぼすと私は考えているのです。

つまり**人生100年時代には、親などから受け継いだ資本よりも、自分の行動によって生み出される資本の総体が、あなたのキャリアを形成していくことになるのです。**

プロティアン・キャリアは、組織の中で形成されるのではなく、それぞれの人が自分で主体的に形成していくものです。

だからこそ、どのような投資をして、どんなキャリア資本を形成するのかを、戦略的にマネジメントすることが大切なのです。

では、何からスタートすればいいのでしょうか。

まずは、**キャリアを生涯を通じて学び続けることで蓄積される「資本の総体」として捉えましょう。**

✓ キャリア資本は、転職や離職をしても減らない

✓ キャリア資本は、同じ仕事を日々繰り返しているだけでは微増にとどまる

✓ キャリア資本は、働く環境や生活環境を変えることで増加する

キャリア資本についてこのようなルールを頭に入れたうえで、ビジネスパーソンのキャリア資本が、「ビジネス資本」「社会関係資本」「経済資本」という三つから構成されることを理解しましょう。

(1)「ビジネス資本」とは、ビジネスシーンでのキャリア形成を通じて得られる知識やスキル、立ち振る舞い、その人の身体に刻まれたもの

(2)「社会関係資本」とは、ビジネスパーソン同士の信頼関係からなる、ネットワーク

図9 ビジネスパーソンのキャリア資本

キャリア資本	ビジネス資本
	社会関係資本
	経済資本

貸借対照表

資産	負債
	資本

↓

キャリア資本表

無形資産	負債
有形資産	資本

↓

プロティアン・キャリア資本

無形資産 (生産性資産) (活力資産) (変身資産)	(投資)負債
	ビジネス資本
	社会関係資本
有形資産	経済資本

注:2019年著者作成

の集積のこと

（3）「経済資本」とは、金銭や諸々の財産など、経済的な資源のこと

ビジネスパーソンのキャリア資本を整理すると、92ページの図のようになります。そしてこれらのキャリア資本を、先ほどまで見てきたキャリアの貸借対照表に当てはめてみましょう。

このキャリア資本を戦略的・計画的に蓄積することが、プロティアン・キャリアの形成術なのです。ただ単に、職歴を書き込むのではなく、より詳細な仕事の「中身」を書き込んでいくわけです。94ページのようなシートを自分で作成することで、より可視化できるはずです。

94ページの表では、「初期キャリア形成期」「中期キャリア形成期」「後期キャリア形成期」を、生物学的な年齢ではなく、キャリア上の年齢として捉えています。社会人になって初期キャリアを形成し、大きな転機を迎えたら、その次を中期キャリア形成期と考える

図10　プロティアン・キャリアの資本分析

キャリア形成期		初期キャリア形成期	中期キャリア形成期	後期キャリア形成期
資本の分類	ビジネス資本			
	社会関係資本			
	経済資本			

注：2019年著者作成

のです。

キャリアの転機がこの3期で収まらない場合は、「ファーストキャリア」「セカンドキャリア」「サードキャリア」「フォースキャリア」……というように数で区分し、項目を増やしても構いません。

大切なのは、それぞれのキャリア形成期でいかなる資本を蓄積したのか、そしてこれから何を蓄積していくのかを、把握することです。

これに記入して、初めてあなたは自分自身のキャリア形成を客観視でき、これから先のあなたのキャリア形成の「見取り図」を描くことができるようになるのです。

まずはあなたの有形資産と無形資産を把握すること。

そのうえで、いかにしてキャリア資本を形成していくのか。これがプロティアン・キャリア形成のカギを握っているのです。

資本の蓄積は、一日にしてならず。

経験を積み重ねながら、資本を貯めていくのです。

そして、ここで答え合わせをすると、本書の冒頭で行ったプロティアン・キャリア診断

図11　プロティアン・キャリア診断

	項目	資本の分類
1	毎日、新聞を読む	ビジネス資本
2	月に2冊以上、本を読む	ビジネス資本
3	英語の学習を続けている	ビジネス資本
4	テクノロジーの変化に関心がある	ビジネス資本
5	国内の社会変化に関心がある	ビジネス資本
6	海外の社会変化に関心がある	ビジネス資本
7	仕事に限らず、新しいことに挑戦している	ビジネス資本
8	現状の問題から目を背けない	ビジネス資本
9	問題に直面すると、解決するために行動する	ビジネス資本
10	決めたことを計画的に実行する	ビジネス資本
11	何事も途中で投げ出さず、やり抜く	ビジネス資本
12	日頃から、複数のプロジェクトに関わっている	社会関係資本
13	定期的に参加する（社外）コミュニティが複数ある	社会関係資本
14	健康意識が高く、定期的に運動している	社会関係資本
15	生活の質を高め、心の幸福を感じる友人がいる	社会関係資本
	合計数	

注：2019年著者作成

の各項目は、実は96ページのように、それぞれの資本に分類することができるのです。

これまで、プロティアン・キャリアという考え方と、キャリア資本の分類や蓄積方法について、説明してきました。

そこで次章からは、ビジネス資本、社会関係資本、経済資本という三つの資本の蓄積方法について、具体的なエピソードを交えながら見ていきます。

第三章ではまず、ビジネス資本について取り上げます。

ビジネス資本とは、ビジネスのキャリア形成を通じて得られる知識や技能、立ち振る舞い、その人の身体に刻まれたもの。いわば働く経験を通じて形成される資本の総体のこと。果たしてこれを、どのように伸ばしていけばよいのでしょうか。

第3章

「ビジネス資本」の蓄積

仕事に没頭し、
自己を磨き続ける

プロティアン・キャリアを形成するための第一歩が、目の前の仕事を自分の成長につなげていくことです。そのためには、まず仕事の意味を捉え直す必要があります。

もしあなたがいま、「仕事とはつまらないものだ。生活のための手段でしかない」と考えているなら、まずはその認識を改めることから始めなければなりません。

ビジネス資本を形成するうえで最も大切なのは、目の前の仕事に没頭できているかということです。

これまで私は、ビジネスパーソンに対して継続的にヒアリング調査を重ねてきました。その結果から明らかなのは、「仕事がつまらない」と話す人は決まって、目の前の業務に没頭できていません。

私たちはともすると、70歳まで働き続けなくてはなりません。大学卒業から70歳まで働くとすれば、実に半世紀もの間、仕事に向き合うのです。

あなたがつまらないと思っている仕事に、それだけの年月、人生を費やすのは得策とは思えません。

まずは目の前の仕事を楽しめているのか。そんな初歩的なところからチェックしていきましょう。

例えば、次のようなことに気を配ってみるのです。

✓ 毎日、何となくこなしていたルーティン作業を見直す
✓ 当たり前と思っている業務を見直し、削減する
✓ 意識的に環境を変え、新しいことに挑戦する

プロティアン・キャリアを実践するには、できることから始めていくことです。特に第三章では、ビジネス資本を形成する方法について具体的に見ていきます。

ビジネス資本は、①ビジネスリテラシー、②ビジネスプロダクティビティ、③ビジネスアダプタビリティ、という三つの資本の総和です。

本書の冒頭で実施した、プロティアン・キャリア診断の項目は、それぞれの資本に対応させることができます。改めて102ページに再掲しておきます。

ビジネスリテラシーは、様々なビジネスシーンで問われる論理的思考力の基盤となるもので、日々の情報収集と継続的な学習から形成されます。

ビジネスプロダクティビティは、ビジネスシーンでの様々な問題から目を背けず、問題

図1　プロティアン・キャリア診断とキャリアの資本内訳

	項目	資本の分類	資本の内訳
1	毎日、新聞を読む	ビジネス資本	ビジネスリテラシー
2	月に2冊以上、本を読む	ビジネス資本	
3	英語の学習を続けている	ビジネス資本	
4	テクノロジーの変化に関心がある	ビジネス資本	ビジネスアダプタビリティ
5	国内の社会変化に関心がある	ビジネス資本	
6	海外の社会変化に関心がある	ビジネス資本	
7	仕事に限らず、新しいことに挑戦している	ビジネス資本	ビジネスプロダクティビティ
8	現状の問題から目を背けない	ビジネス資本	
9	問題に直面すると、解決するために行動する	ビジネス資本	
10	決めたことを計画的に実行する	ビジネス資本	
11	何事も途中で投げ出さず、やり抜く	ビジネス資本	
12	日頃から、複数のプロジェクトに関わっている	社会関係資本	組織外活動
13	定期的に参加する(社外)コミュニティが複数ある	社会関係資本	
14	健康意識が高く、定期的に運動している	社会関係資本	
15	生活の質を高め、心の幸福を感じる友人がいる	社会関係資本	心理的幸福
	合計数		

注：2019年著者作成

解決するために行為を遂行する力を養うことで形成されます。

ビジネスアダプタビリティとは、様々な変化に関心を持ち、変化に対応する適応力から形成されます。

ここから分かるように、ビジネス資本は日々のルーティン業務をこなしているだけで、バランス良く増やすことはできません。

仮に増やせたとしても、それはビジネスプロダクティビティの部分だけが蓄積されるといったように非常に偏ったものになります。

大切なのは、全体のバランスを俯瞰《ふかん》しながら、戦略的に資本を蓄積することです。

ビジネス書を乱読・多読しよう

プロティアン・キャリアを形成するには、日頃からビジネスリテラシーを磨かなくてはなりません。毎日、新聞に目を通し、社会状況を把握し、本も読む。

新聞を読むことがビジネスパーソンの能力向上の基礎なのに対して、読書は応用と捉えることができます。

ビジネス資本を蓄積する読書で大切なことは、その量です。

一冊を、時間をかけてじっくりと読み込むのではなく、多様な分野の本を、どんどん乱読・多読していきましょう。目安は新書であれば、一冊一時間程度でしょう。

もちろん、書籍によって難易度は異なりますから、一冊を読むのに費やす時間も変わります。ただ、いくら内容によって変わるとはいえ、一冊の本に時間を費やしすぎるのは危険です。

効率的に知識を吸収するなら、一冊に費やすのは何時間まで、と自分の中で制限を設けて読むようにしましょう。時間制限を設けると、自然と速読の力も養われていきます。

乱読や多読を通して、ビジネスで必要な知識や能力は、確実に高まります。

同時に、読書を継続すると、何に興味があるのか、逆に何には興味がないのかが自分の中で明確になります。それを通して、ビジネスリテラシーの地図を頭の中に創り上げていくのです。

ビジネスパーソンは、みなさんが互いのちょっとした会話の節々から、相手の知性を見極めます。万が一、あなたがいま上司や同僚、あるいはクライアントに対して、「私は現場主義なので、新聞も本もほとんど読みません」などと公言しているなら、二度とそんなことは言わない方がいいでしょう。

それは社会の変化を学ぶことを無視し、自分の経験だけを頼りにする、つまり私は外側からの情報は遮断して変化することはない、と主張しているようにも取られかねません。

ビジネスシーンの第一線で活躍する経営者と面談すると、いくつになっても絶えず幅広い分野の書籍を乱読・多読している人に会うことがあります。頻繁に話をするわけではないけれど、会うといつも会話の内容がアップデートされていて、刺激を受けます。あなたもそんな人物になると、きっと折に触れて、「会いたい」と言ってくれる人が増えるはずです。

社会に出ると、「成長のためには本を読みましょうね」などということは、誰も言ってくれません。けれど本は、新聞と同じように、ビジネスリテラシーを形成する必須アイテム。読書は決して趣味の範疇《はんちゅう》だけで捉えるものではないのです。

ただ、そんなことを言っても、何を読めばいいのか分からない人もいるかもしれません。そんな場合は、次の三つの読み方を参考にしてください。

（読み方1）書籍の内容と売れ行きから社会を洞察する

便利な時代になりました。どの本がどのくらい売れているのか、いまではインターネットで検索すればすぐに分かります。例えば「書籍　ランキング」「新書　ベストセラー」「ビジネス書　売れ筋」「経営本　大ヒット」などと検索エンジンに打ち込めば、売れ筋の書籍をすぐに知ることができます。

売れている本についての情報を仕入れたら、次はこんな視点でその本を読んでみてはどうでしょうか。

✓ どんな内容が書かれているのか（内容理解力）
✓ もし著者に会ったら、どんな感想を伝えるか（コメント力、質問力）
✓ なぜこの本がいま、売れているのか（市場分析力、社会洞察力）

中でも売れている本を「なぜいま、売れているのか」という視点で分析することは、とてもいい思考のトレーニングになります。

きっとその本が売れているのは、内容が良いだけでなく、装丁のデザインや帯の言葉、広告の打ち出し方、売り方など、複合的な要素がかみ合っているためでしょう。さらに書かれてある内容にも、現代に生きる私たちが手に取りたくなるような真理が隠されているはずです。

なぜいま、その本が売れているのか。自分なりに仮説を立てて考えることは、とてもいい頭の体操になります。

〈読み方2〉専門書をレベル順に読み込む

専門書をこれまでに一度も手に取ったことがない人にとっては、少しハードルが高く感じられるかもしれません。ならば、まずはあなたが一番関心のある分野の専門書を読んでみましょう。

例えばあなたはいま、「楽しく仕事をするにはどうしたらいいのか」という素朴な問題意識を持っているとします。

書店を訪れ、売り場を回りながら目当ての本を探してもいいですし、ネット書店で検索しながら見つけてもいい。自分の中で気になるキーワードが何なのか、自問自答しながら、アンテナに引っかかる専門書を探していくのです。

ちなみに「楽しく働く」というテーマなら、米国の行動心理学者、ミハイ・チクセントミハイ教授の『フロー体験とグッドビジネス』（世界思想社）などが目に入るかもしれません。これは専門書でありながら、楽しく働くことの原理や秘訣が具体的に書かれていますから、とても参考になります。

別に専門書を読んだからといって、その内容についてのテストを受けるわけではありません。それよりも、次のような目的で内容を吸収するといいでしょう。

✓ 自分の経験を客観的に理解する
✓ 個別の事象を普遍的に捉えるフレーム（枠組み）を身につける

（読み方3）自分の環境からかけ離れた歴史書籍や海外書籍

売れている本や自分の関心に沿った専門書を読みながら、一方ではいまの自分とは全く関係のない本にもあえて挑戦してみましょう。

小説やエッセー、自伝など、いまのあなたの環境とかけ離れた内容を読むことで、自分の置かれている状況がいかに限定的なものかを俯瞰《ふかん》した視点から確認することができます。これが想像力の肥やしになるのです。

例えば、次のような視点で読書を継続すればビジネスリテラシーが高まるはずです。

✓ 歴史の流れの中で、あなたがいまいる環境を捉え直す
✓ 海外との比較の中で、あなたがいまいる環境を見つめる
✓ 書籍の中の集団・組織や意思決定のプロセスと、あなたの組織との違いを見極める

また今後、世界を舞台にしたキャリア形成を考えているなら、英語の新聞や書籍に挑戦するのも手です。英語の学習を継続するだけでなく、英語でビジネスリテラシーを高めることも、キャリア資本の蓄積にはダイレクトに影響していきます。

ビジネスプロダクティビティを養う没頭力

次に、様々な問題から目を背けずに解決のために遂行する力、ビジネスプロダクティビティを養うには、どうすればいいのでしょうか。

私は、これまで様々な業界で働くビジネスパーソンと対話してきましたが、プロティアン・キャリアを形成できているビジネスパーソンと、そうでない人では、明確な差が一つあると気づくようになりました。

それが、**目の前の仕事に没頭できているかということです。**そして没頭できているか否かは、職種や年齢、職歴などには全く関係がないことも判明しました。

没頭することがいかに重要か。

それを説いたのが、行動心理学者のミハイ・チクセントミハイ教授です。

彼は著書の中で、56歳で不動産業務に関わるあるビジネスパーソンの語りを、次のように紹介しています。

「私は、行動するのをやめて本を読みながらただ裏庭でおとなしくしているというような引退をするつもりはありません。目的を明確にして、仕事に出かけていきたいのです。学び続けること、私を成長させ、意欲をかきたててくれる新しい体験をし続けることは、ほんとうに重要です。新しいスキルを学ぶこと、新しい体験をすることが好きなんです」

図2　フロー状態を通して成長する仕組み

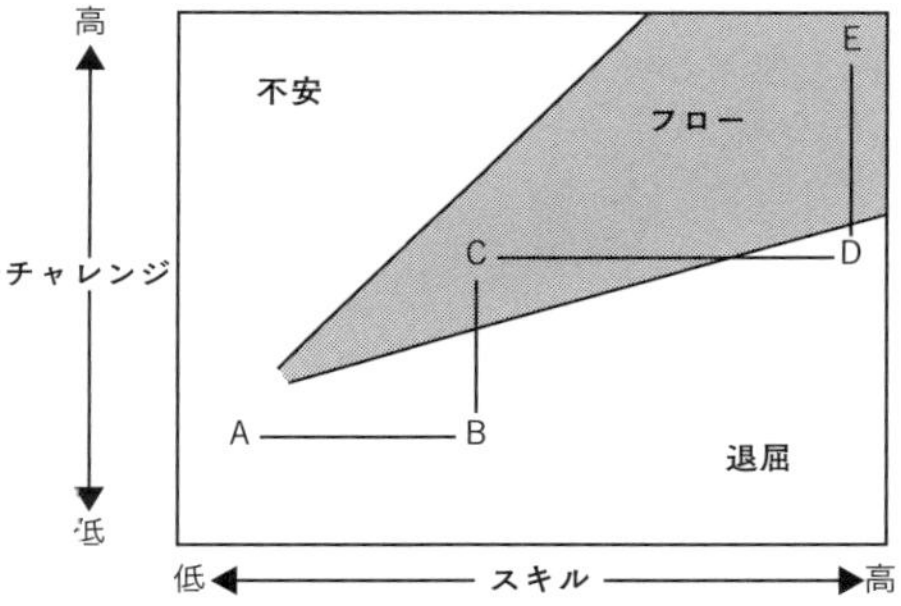

フロー体験はスキルとチャレンジが共に高いときに起こる。典型的な行動はA、すなわち低いチャレンジと低いスキルから始まる。もしもその状態が続くと、スキルは向上し、その行動に飽きてくる(B)。この時点で、フローに至るにはチャレンジを高めなければならない(C)。このサイクルはDとEを通してより高い複雑さのレベルで繰り返される。優れたフロー活動では、このようなサイクルがほとんど無限に続き得る。注：ミハイ・チクセントミハイ著『フロー体験とグッドビジネス』(世界思想社)より抜粋

——ミハイ・チクセントミハイ著『フロー体験とグッドビジネス』(世界思想社、p.79より抜粋、著者編集)

この証言には、プロティアン・キャリアを形成する大きなヒントが隠されています。

ビジネスで成果を出す人は、折に触れて自分自身に適切な負荷を掛け、自分なりの限界を乗り越えようとします。

このとき、飛躍的に伸びるための集中した状態が、ミハイ・チクセントミハイ教授の掲げる「フロー(没入)状態」なのです。ミハイ・チクセントミハイ教授は、このフロー状態をビジネスの現場でも効果的に取り入れる必要があると説いています。

111のページの図のように、ビジネスシーンでスキルを身につけていると感じられる業務で高度のチャレンジをすると、フロー状態が生まれます。そしてフロー状態に入ると集中し、幸福を感じ、前向きの感情が生まれるのです。

フロー状態で仕事をすることが、ビジネスプロダクティビティの向上に直結するのです。例えば外科医は、長時間集中力が途切れることなく、難易度の高い手術に立ち会います。ミハイ・チクセントミハイ教授は、これは外科医がフロー状態に入っているから最高の手術を施すことができると解説しています。

フロー状態で課題に向き合い、解決策を見つけだすこと。これがビジネスプロダクティビティを養うのです。

もしあなたがいま、職場で不満を感じているなら、それは恐らくフロー状態に入れていないからです。フロー状態に入れる仕事を生みだすことが、ビジネス資本を蓄積するには欠かせません。

けれど、日本の職場でビジネスパーソンがフロー状態に入ろうとすると、いろいろな〝妨害〟が生じます。中でも大きな問題は「会議」ではないでしょうか。

ムダな会議を極力減らして、自分の仕事に向き合う時間を確保する。

そのために私たちは、会議とどのように向き合えばよいのでしょうか。少し横道にそれますが、解説しましょう。

ムダな会議はこうして撲滅する

ビジネスパーソンの多くは日頃、貴重な時間の多くを会議に縛られています。このムダを削ぎ落とすことができれば、仕事の生産性は大きく変わるはずです。

私はこれまで、上場企業からベンチャー企業まで、様々な会社の社外顧問を10社以上務めてきました。それぞれの会議にも、いつも参加しています。

最もムダのない会議を開いていたA社では、必要なメンバーだけが会議に参加し、15分もしくは30分であっという間に議論を終えます。一方、一つの議題で2時間以上延々と議論を続けるB社のようなケースもありました。

会議があっという間に終了するか、ダラダラと続くのか。A社とB社の違いは、会議に対する意味付けと、認識の差にあります。

A社はなるべく会議を実施しないようにしています。そのうえで仮に会議を開くなら、事前にゴールを定めて時間も厳守する。参加者もあらかじめコントロールして、徹底的にムダを省いて、最大限のアウトプットを出すべく議論が交わされます。

当然、参加者の全員が事前に資料をチェックしています。会議が始まる前に情報が共有されているので、本質的な議論から始めることができます。

対してB社は、そもそも会議を開くことが目的になっていました。毎回、会議のゴールを設定せず、ひたすら同じような議論が繰り返される。会議の時間を延長しても、結局ゴールにはたどり着きません。

望ましいのはA社のやり方です。あなたがもしB社のような会議に時間を拘束されているなら、徹底的に改善すべきです。

例えば、次の3つのポイントを実践してはどうでしょうか。

✓ 時間を設定する
✓ 出席者をコントロールする（議題に関係のない人は招集しない）
✓ ゴールを明確に設定する

これらをしっかりと固めて、会議の参加者がそれぞれ高い集中状態で議論をすること。会議でもフロー状態を生み出すことができれば、確実に結果は付いてくるでしょう。

非生産的な会議でも成長する魔法

「そんなことは分かっているけれど、自分一人ではどうにもならなくて」という声もよく聞きます。私も、そういった事態によく直面します。会議の進め方に異議を唱えれば風当たりも強くなる。せっかく生産的な会議に変えようとしているのに、なぜか冷たい目で見られたりもします。

そんな場合は、腹を括って会議と向き合い、「会議以上」の生産性を発揮するようにするのです。

どんな会議でも、最近ではパソコンなどを持ち込めます。そこで会議の発言に耳を傾けながら、気づいたことを、どんどんとパソコンやメモ帳などに書き込んでいくのです。

会議中に求められている仕事のハードルを、自分の中で勝手に上げていく。スキルとチャレンジの関係性をより高次元に設定することで、自分一人だけでもフロー状態に入れるようにするのです。

会議の準備ができているビジネスパーソンであれば、いつ話題をふられても、明確な意見を伝えることができるはずです。

そのうえで、会議の内容を進展させる生産的な視点や、関連する視点を整理し、毎回、その場で質の高いアウトプットを生み出していく。

会議で時間を拘束されるからこそ、そこでしかできないことを進めていく。そう、発想を変えてしまうのです。

具体的に、どのように実践すればいいのでしょうか。フロー状態に入れる〝プロティアン会議術〟の実践方法について伝授しましょう。

これが〝プロティアン会議術〟だ

例えばあなたが、新規事業の会議に出席しているとします。参加者は8人で、3つのプロジェクトについて発表がある予定です。普通なら会議が始まる定刻に来て、その場で発表を聞いて、会議が終われば自分の仕事に戻ります。

けれど、本書の第一章で実施したプロティアン・キャリア診断で、12項目以上に該当するようなプロティアン人材なら、会議前に発表内容について最新動向をチェックしています。そのうえで、自分のリサーチ内容と経験を突き合わせて発言するのです。

会議前に発表内容が共有されていなくても、目の前でプレゼンを聞きながら、限られた時間の中で徹底的にリサーチし、会議が終わる頃にはその内容をブラッシュアップした案を提案する。

これくらい集中して会議で頭を動かしていれば、フロー状態に入れるはずです。参加者にも好影響を与えますすし、何より会議の拘束時間を最大限に生かしているので、自分の成長にもつながります。

会議のムダを疑い、不満を改善への原動力にする。そうすれば、決してムダな会議に邪魔されることはなくなります。

ビジネス資本で大切なアダプタビリティ

本章の冒頭で、ビジネス資本が、①ビジネスリテラシー、②ビジネスプロダクティビティ、③ビジネスアダプタビリティという三つの資本の総和であると説明しました。
そしてビジネスリテラシーを養うための本の乱読・多読と、ビジネスプロダクティビティを高めるフロー状態に入る方法も解説しました。

では三つ目のビジネスアダプタビリティは、どのように鍛えていけばいいのか、解説していきましょう。


人生100年時代を迎え、働く期間が長くなる中、変化に適応するアダプタビリティは必須の能力です。これが養われない限り、変幻自在に変わるプロティアン・キャリアを形成することはできません。

アイデンティティというものが、自分の内側にある大切にすべきコアな部分であるのに対して、アダプタビリティはあなたを取り巻く外的な環境に自分自身を適応させること。あなた自身を新たな職場や市場に合わせて変幻させていくこと、とも言えるでしょう。

このアダプタビリティが欠けてしまうと、私たちはいきなりある瞬間に、職を失うかもしれないのです。

例えば、日本の百貨店業界を見てください。かつては小売り業の王様と言われていましたが、いまでは私たちの多くが、頻繁に百貨店を訪れてはいないはずです。服を買うにしても、最寄りの駅ビルやネット通販など、より気軽に買い物のできる場所はたくさんあります。わざわざ百貨店に足を運ばなくても、何の不自由もありません。こうして百貨店業界は長い低迷期に突入しました。いまでは衰退産業とも捉えられています。

けれど、かつての百貨店黄金時代に、いまのようなありさまを誰が想像できたでしょうか。当時から、通販が拡大すれば百貨店業界は打撃を受けると言われてはいました。けれど、具体的な対策に乗り出した百貨店はほとんどありませんでした。

実際に変化が起こって初めて対応に乗り出すのですが、そこで変われなければ、いつかは淘汰され、消えてしまいます。

同じような変化はどのような業界でも起こっています。ガソリン自動車から電気自動車へ、紙のメディアからウェブメディアへ。音楽などのパッケージ販売から配信サービスへ。大きな変化に適応することができなければ、あっという間に私たちは職を失ってしまいます。あなたが、「変わらないこと」に居心地の良さを感じているのなら、いずれ市場や社会の構造的な変化に飲み込まれてしまうこともあり得るのです。

であれば、変化を前向きに受け止めて、アダプタビリティを養ってはどうでしょうか。

習慣を変えて一歩踏み出す

プロティアン・キャリアを提唱した米ボストン大学のダグラス・ホール教授は、ビジネスパーソンが組織に依存することに対して、ことのほか否定的でした。

そして米イエール大学ウィリアム・スローン・コフィン牧師が新入生への講演で語った「たとえラットレースに勝ったとしても、君たちはしょせん、ネズミのままだ」という忠告を、たびたび引用していました。

「我々もまた学ぶ能力を持って力量を蓄えているが、一方、そのことによって貪欲な誰かに搾取される第一候補となってしまう。冷酷にも、我々の学校、職業、そして経営者が貪欲にも我々に教え込もうとしているのは、このような特質なのである。自分で注意を払わなければ、明確な自己意識を持っていなければ、このような特質が次第に、しかし確実に我々を（著者注：鵜匠により咥えた魚を吐き出させられる）鵜と同じにしてしまうであろう。それは心に沿った道ではない」

――ダグラス・ホール著1976『プロティアン・キャリア』（亀田ブックサービス、p.24）

組織に自分の仕事人生を捧げることを、まるで鵜飼の鵜のようだと形容したのです。

ここまで言われたとしても、人間はもともと変わることを嫌がる生き物です。仮に変わろうとしても、今の状態を維持しようとする意識が働き、なかなか変化を受け入れられません。変わりたくないと思う人間本来の性質を抑え込んで変化するにはどうすればいいのでしょうか。

最も手っ取り早いのは、あなたの習慣を変えることです。住む場所を変え、職場を変える。引っ越しや転職はハードルが高いようなら、例えば普段の通勤で一駅余分に歩いて、最寄り駅を変えてみるのもいいでしょう。衣類を変えるだけでも、新しい発見があるかもしれません。

プロティアン・キャリアでは、内的な変化に重きを置きます。ですから、まずは気持ちの面から変化を受け入れていくのです。

同時に大切なのが、自分で**生活のスタイルを変えるように戦略を立てることです。日常**

生活の行動を、長期的なキャリア形成の中で位置付けながら、アップデートを重ねていくのです。

例えば、毎朝のルーティンを見直してみてはどうでしょうか。将来やりたい仕事に英語が不可欠なら、毎朝時間をつくって英字新聞を読んだり、英語でニュースを聞いたりすればいいのです。

小さな変化かもしれませんが、いままでとは違うことに挑戦する姿勢が、あなたの中で変化を受け入れる土壌となり、ビジネスアダプタビリティを養うのです。そしてそれは、ビジネス資本となり、ゆくゆくは大きなリターンを生むことになるのです。

転職で鍛えるアダプタビリティ

地道に日常生活の変化を起こすのではなく、大きな変化を体験したい。そう思うなら、転職することでアダプタビリティを鍛えるのもいいでしょう。

これからの時代は、一つの組織の中だけで働き続けて、定年を迎える人はさらに少なくなるはずです。同じ組織の中で定年まで働いたとしても、退職後に違う職場に勤めるようになるかもしれません。職種が同じでも、職場が違えば働き方は変わります。異なる職種や業界に転職するとなると、さらに変化は大きくなるでしょう。

そこでビジネスアダプタビリティが鍛えられるのです。

新しい職場の働き方に自分自身を適応させること。これまでのキャリアにあぐらをかくことなく変幻自在に進化すること。これによってビジネスアダプタビリティは、格段に養われるはずです。

世界屈指の長寿国である日本で働く私たちは、誰もがこの先、キャリアの停滞状態に陥る可能性があります。これを抜け出す選択肢の一つとしても転職は有効です。

人生100年時代、70歳まで第一線で働き続けるとなると、転職を一度も経験せずにビジネスキャリアを終える人の方が、これからはごくわずかになるのではないでしょうか。

あなたのキャリアの大きなターニングポイントとなる転職を、ビジネスアダプタビリティを鍛える場として捉えれば、心構えも大きく変わるはずです。

突然変異は通用しない

私がいま、プロティアン・キャリアを促進するであろうと期待しているのが、政府の推進する「働き方改革」と、働く人々のキャリア観の変化です。

「働き方改革」の中でも、特に長時間労働の是正、副業などの柔軟な働き方の促進、高齢者の就業促進が組織内のキャリアではなく、個人が主体的にキャリアを構築するための外発的な動機付けになっています。

「働き方改革」はそれぞれが主体的な働き方を模索するプロティアン・キャリアを求める改革である、と表現しても過言ではありません。

組織内の昇進に固執するのではなく、自分がやりたいことを仕事にする働き方や、報酬よりも働くことの意味を重視する昨今のキャリア観の変化も、プロティアン・キャリアとシンクロしています。

プロティアン・キャリアは、ある日、突然変異のように構築できるものではありません。

まずはあなたがいま、自分の身を置く組織の中で主体的に何ができるのか。

組織の壁を越えた様々な関係性を捉え直し、中長期でライフプランを描くこと。そのうえで、意識的、計画的、戦略的に行動を重ねることで、経験という資産を蓄えながら、その資産を社会や組織の変化にすり合わせていかなければならないのです。

こう書くと、プロティアン・キャリアを構築するのはとても大変なように感じるかもしれません。

けれど実際には、第一線で活躍するビジネスパーソンであれば、普段から実践していることばかりでしょう。

ここで改めて、プロティアン・キャリアを築くポイントを二つ挙げておきます。

✓ 自分を客観的に評価し、自問し、内省し、他者から支援を受ける方法を把握すること

✓ 常に学び、自分の人生やキャリアの方向性を再構築できる能力を磨き続けること

プロティアン・キャリアとは、何かを成し遂げた「結果」をキャリアとして捉えるのではなく、経験という資産を積み重ねていく「過程」を、主体的に受け止めていくことです。

だからこそ、自分で主体的にキャリアを選択しようとする人々にとって、人生を豊かに生き抜く術になり得るのです。

本書の読者の中には、すでにいろいろな経験を蓄積されている人が多いと思います。けれど、社会人になったばかりの頃には、次のような悩みを抱えていたこともあるのではないでしょうか。

「日系通信大手に新卒入社して1年目です。将来、自分が就職した会社がどうなっていくのかと考えると微妙です。会社そのものは、他社と統合したりして残っていくと思うのですが、自分が60歳になるまで、自分の仕事があるのかと考えると、分からなくて……。いまは学ぶことが多くて、楽しく仕事ができているけれど、いまの会社の仕事をやり切って、『もうおもしろくないな』って思ったとき、すぐにキャリアチェンジできるようにしておきたいです。就職活動をしているときは、『人間関係が良さそう』『ホワイト企業っぽい』ということを重視して、この会社を選びました。その代わり、『自分が好きなことを仕事にする』という観点は犠牲にしてしまったな、とも感じています。いまの会社で楽しく仕事をしつつ、転職したくなったらサッと別の会社に移る。そのためにいま、私がやるべきこと、大事にすべきことは何でしょうか」

（大手通信会社、2018年大学卒業、女性）

プロティアン・キャリアを構築するために入社間もない頃にすべきことは何か。

例えば、入社前と比べて、自分がどのようなことを身につけてきたのかを、振り返ってみることも大切です。実際に、できるようになったことを書き出してみるのが効果的でしょう。

何から何まで初めての仕事を前に、ぐんぐんと自分が成長している。そんな実感を得ながら働くことが、入社後の数年は続くはずです。

けれどあるとき、ふと「仕事がつまらない」「自分は成長していないんじゃないか」と感じるタイミングが訪れます。

それは、誰しもキャリアの停滞期に直面するのです。

この停滞期をうまく乗り切れるよう、成長期のいまから「他社が欲しがるような仕事の強みを伸ばしていく」ことを、意識しておくといいでしょう。

これからの時代は、社会や市場、組織の変化を洞察し、自分の強みを適応させて働く人材が求められています。いまの職場を最大限に生かし、吸収できることを一つひとつ身につけながら、常に職場の「外」の動向を気に掛ける。

プロティアン・キャリアの第一歩はそんな意識を持つところからスタートします。そのうえで、中長期的なキャリア戦略を立てていくのです。

3年、5年、10年先をイメージしよう

プロティアン・キャリアを構築するための次の一歩は、人生の計画を立てることです。いまから30年先までのキャリアを計画することは難しいとしても、中期キャリア戦略は、プロティアン・キャリアを形成するためには不可欠です。

具体的には3年後、5年後、10年後ぐらいまでのビジョンを描いてみましょう。

中期のキャリア戦略を持たないと、いま、目の前で向き合っているビジネスキャリアやライフキャリアを客観的に捉えることができません。

まずはあなたが自分自身に、次のように問いかけてみましょう。

3年後までに、どんな資本を増やしていくのか。

5年後までに、増やすべきビジネス資本は何か。

10年後までに、どんな社会関係資本を蓄積しておきたいか。


私は最近、就職活動を控えた大学生に向けて、長期インターンの経験を大学の学びに接合させる方法について教えています。またビジネスパーソンに向けては、新人研修などの機会に、個人がいかにキャリアを形成させるのかをレクチャーしています。

そんな私であっても、みなさんと同じような不安を抱えているのです。

このまま何年間、働き続けるのだろうか。そして、このままでいいのだろうか。

私も含めて、キャリアのミドル期に不安を抱える人は、決して少なくありません。

人生100年時代。私たちは、〝現役〟として、かつてよりも長く働き続けなくてはなりません。

そのとき、つい考え込んでしまうのです。

そこで私は、この不安感を払拭する方法がないのか検討しました。

導き出した答えは、金銭的な目的で仕事を選ぶのではなく、やりがいや働く意味を大切にして仕事をする、ということでした。

また外部からの評価よりも、私自身が掲げる目標の達成を大切にする方が、私自身の満足度が高まることも分かりました。

「若い頃と同じように働き続けてきたけれど、40代に入った頃から、職場で居心地が悪い。求められる役割が変わったのに、どうしても自分はうまく変われない」

「50歳を越えて、早期退職制度を活用して同期が続々と異業種に挑戦している。自分だけ、このまま会社にしがみついたままでもいいのか」

最近では、こんな悩みを打ち明けられることも増えました。

これからも、社会環境は劇的に変わっていきます。

それに伴って、仕事の内容も働き方も大きく変化するでしょう。

そんな中、私たちにできることといえば、その変化にどう向き合うのかを考え抜いて、行動に移すことだけです。

かつてなら、プロティアン・キャリアという考え方は、多くの日本人に響くことがなかったはずです。

けれど、ここまで本書を読み進めてきたみなさんは、いまどのように感じているでしょうか。ここまで読んでもなお、組織内キャリアに縛られて生きたいと思いますか。それとも、もう一つの道——プロティアン・キャリア——を構築する生き方にシフトしようと思うようになったでしょうか。

本章では、プロティアン・キャリアを実践するために必須となるビジネス資本の構築方法について解説しました。

続く第四章では、社会関係資本の形成について詳しく説明していきましょう。

第 4 章

「社会関係資本」の形成

本当の豊かさを
育てる

私は、ある日突然変わることができる、と思って生きていました。

「変わる」といっても、目を覚ますと巨大な毒虫に変わっていたというフランツ・カフカの小説ような劇的な変身ではありません。

自分の能力やスキルが最大限まで向上するという意味で、自分の成長の延長線上にあるような「変身」です。

変身すればいまとは違う風景が見える。違うことができる。

困難な状況に直面すると、壁を乗り越える底力が発揮される。自分の力では到底成し得ないと思えるようなことも、ある日、進化をして達成できる。そんな夢を、何度も見てきました。

自分で将来を描くことができないから、現状からのドラマティックなアップデートにすがっていたのです。

けれどそんな日は、待てど暮らせど一向に訪れません。ただただ、何も変わらない毎日が過ぎていきます。

週刊少年ジャンプの連載で毎週欠かさずに読み続けた『ドラゴンボール』。窮地《きゅうち》に陥ると突如、変幻して爆発的な力を発揮する孫悟空《そんごくう》。彼のような「変身」は、現実には起きなかったのです。

大人になるということは、もしかすると、将来のことを特に思い浮かべることもなく、ただ変わらない毎日を受け入れることなのかもしれません。

私と同い年の43歳の知人が、次のような悩みを抱えています。


「大学卒業後に上場企業に就職し、目の前の仕事に一つひとつ、全力で向き合ってきた。この20年間はあっという間だった。共働きの妻と、何とかやりくりしながら二人の子供を順調に育ててきた。一人は高校生に、もう一人は中学生になった。自分も40代で課長になって、同期の中では昇進は早い方だ。けれど、果たしてこのままでいいのだろうか。日々の仕事はこなしているが、自分が成長していないと痛感する。職場ではそれなりに認められてはいる。やりがいのある仕事も、いまはできている。でも、職場の『外』で自分が関わるコミュニティが一つもない。このまま、『職場の中』だけで生きていってもいいのだろうか。もし、会社を辞めるようなことがあったら、自分はどうなるのだろうか」

彼のような悩みを持つビジネスパーソンも多いのではないでしょうか。仕事に打ち込んできたことで、ビジネス資本は蓄積している。一方で、社会関係資本が形成されていない。そんな状態に陥っているのです。

ビジネス資本は、個人の生産性を高めます。

しかしプロティアン・キャリアを形成するには、人は組織にキャリアを預けず、自分で主体的にキャリアを構築していかなくてはなりません。その際に、一つの組織の中でキャリア資本をつくっていくだけでは、リスクがあります。

お金よりも人生を豊かにするもの

令和という時代の歴史的な特徴は、長寿社会の本格的な到来にあります。私たちの生きる時間はぐんと長くなり、本当に人生100年時代が現実化するのです。

自分らしい人生を過ごすのに、経済的な資本は欠かせません。

しかし、私たちは経済資本よりも大切なものがあることを、日々の暮らしを通じて感じています。そして、経済資本の蓄積だけを人生の目的に据えるとろくなことにはならないことも、体得的に理解しています。

もちろん、生きていくにはお金などの経済資本が欠かせません。けれどそれだけがあっても、決して幸せにはなれないのです。経済資本とは結局のところ、手に入れたいと思う暮らしを実現するための手段でしかないのですから。

それよりも、あなたの人生を豊かにするために不可欠なのがビジネス資本と社会関係資本です。

ビジネス資本とは、第三章で見たように、いまある環境を最大限に生かして、ビジネスシーンでフロー状態を生み出し、パフォーマンスに磨きをかけていくこと。その際、社会変化を的確に分析し、集団や組織、市場の中での自分の立ち位置を客観的に捉えながら、ビジネス資本を蓄積することが重要だと説明しました。

このビジネス資本の形成と同じように大切なのが、社会関係資本の形成です。

「結束型」と「橋渡し型」

社会関係資本とは、個人同士のつながりからなる社会的なネットワークのことです。

社会関係資本は、「結束型（ボンディング）」と「橋渡し型（ブリッジング）」の二つに区分すると理解が深まります。

「結束型」社会関係資本とは、内向きの指向を持ち、同質的な集団を形成することを指します。集団の密度をより強固なものにするもので、会員だけが参加できるコミュニティや町内会の組織などが、これに当たります。

「橋渡し型」社会関係資本とは、外向きの指向を持ち、多様な集まりから集団を形成して、集団を「開く」ことで緩やかなつながりを維持します。希望者であれば、誰でも参加できる学習の機会などが、それに当たります。

この「橋渡し型」社会関係資本としてよく知られているのが、米国の経済社会学者のマーク・グラノベッター教授が指摘した「弱いつながりが、自分とは異なる集団の中で動く知り合いを結びつけることによって、強いつながりに結びつく」というケースです。

私たちは、社会関係資本の特性を理解したうえで、自分がどのような社会関係資本を形成していくのかを考える必要があるのです。

成長が人に与える強い幸福感

プロティアン・キャリアを形成するために大切なのが、心理的成功（個人が最高の努力を尽くした結果に得る達成感）です。

プロティアン・キャリアの提唱者である米ボストン大学のダグラス・ホール教授は、「心理的成功とは、誇りや個人的な業績、自分が『個人的に最高の努力を尽くした』結果に得る感覚である」と意義付けています。そして報酬や名誉、社会的地位などは「心理的成功」の後から付いてくる、と述べています。

個人のキャリアそのものに、良し悪しはありません。その成否は、自分が決めるもので、人から評価されるものではない。ダグラス・ホール教授はそう強調しています。

では、心理的成功は、どうすれば獲得できるのでしょうか。

それは、ビジネス資本や社会関係資本を増やす過程、つまり本人が経験や学びを重ね、進化していく過程そのものにあります。

人間は、自分の成長を実感するときに強い幸福感を味わいます。

あなたの職場にも、お金などの経済資本を投じてＭＢＡ（経営学修士）を取得するために大学院などに通いはじめる同僚はいませんか。彼らがなぜそうしているのかというと、お金という経済資本が、ビジネススクールに通って学びと仲間を得ることで、ビジネス資本や社会関係資本に転換していくという実感があるからでしょう。

もっとも、個人が最高の努力を尽くした結果に得る達成感である、心理的成功を味わうには、努力を尽くすだけの強い動機も必要になります。

ダグラス・ホール教授は、「『心に沿った道』を追い求める人は、（中略）ラットレースを回避した」と述べています。

また、プロティアン・キャリアを実現するには、自分のアイデンティティを確立することとアダプタビリティを磨くことが欠かせないとも説いています。

ところが現実には、自分の「心に沿った道」が分からない人も多いのではないでしょうか。特に大学卒業後、いわゆる良い会社に〝就社〟して、対外的には成功を収めてきたように見える優等生タイプの人は、内的な動機を見いだしにくい傾向が見られます。

親や先生、友達などの評価や価値基準に沿って、いいとされるものばかりを手に入れてきた結果、自分自身がどう思うかという問いかけがあまりできてこなかったのでしょう。

そのため、心理的成功を得るのに大切な「自分がどうしたいのか」が、見えづらくなっているのです。

「不満」からあなたの望みを探る

私はしょっちゅう、そんな相談を受けています。そのたびにいつも、「いま、あなたは何が不満なのですか」と聞くようにしています。

給料なのか、職場の上司なのか、生活環境なのか、仕事のマンネリ化なのか。不満の根幹にあるものを突き止めていくのです。

なぜなら、不満とはアイデンティティかアダプタビリティが足りないときに生じるものだからです。自分らしくない環境で働いているとか、環境にフィットできていないと感じたときに、人は不満を感じるのです。

ダグラス・ホール教授の言う「心に沿った道」を進むには、まずは不満という自分の心の声に正直になる必要があるのです。

いまの状況に違和感があるなら、それこそギリシヤ神話の神プロテウスのように、次のステップに〝変身〟するタイミングです。自分の心に沿った道と現在あなたが置かれた状況に溝があるなら、それを埋めるための行動を模索すべきなのです。

ダグラス・ホール教授は、行動こそ心理的成功を得るための一番の近道だと説いています。繰り返しますが、自分の心に沿った道に従って〝変身〟し続けることが、何よりも大切なのです。

「変わり続けること」が人生を豊かに

ダグラス・ホール教授は、プロティアン・キャリアがもたらす柔軟性と自立性は、働く人に三つのメリットをもたらすと説明しています。

一つ目は、**これまでのような決まりきったキャリアコースがなくなる**ということ。

従来のように、一つの組織の中で出世という階段を直線的に登るキャリアは、もうありません。あえてコースから外れたり、途中から別の山を目指したり、山あり谷ありの順路に変えたりと、どんなコースを選ぶのもあなた次第。何を選択してもいいのです。

二つ目は、**キャリア空間の拡大**です。これまでは仕事とプライベートの両立という議論をするとき、この二つの間には明らかな境界線がありました。

けれどプロティアン・キャリアの大きな特徴は、あなたの生き方そのものをキャリアとしますから、仕事もプライベートも区別はありません。そして仕事とプライベートが統合されると、あなたの生き方そのものがキャリアになる。結果的に、生きるように働くという〝ワーク・アズ・ライフ〟を実践するようになるのです。

自分の心に沿った道を進めば、仕事もプライベートも関係はありません。明確な境界線が存在しなくなるのです。

三つ目は、**空間の柔軟性**。主体的にキャリアを形成する時代は、これまでのように組織が「主」で、個人が「従」という関係ではなくなります。そして個人は自宅など、会社以外の場所でも働くことができるようになります。

人生という未知の旅を自分の意のままに続け、その過程で資本を蓄積していく。さらに培った資本を状況に応じて、戦略的に投資して別の資本へ転換させていくのがプロティアン・キャリアです。

ダグラス・ホール教授はとりわけ、「変わり続けること」を推奨しています。自分がこれまで登ったことのない山に挑戦し、歩いたことのない道を進むのは、それを達成した後の心理的成功を味わうという意味で、人間の幸福に直結するからです。人間は、ずっと同じことを続けていると飽きが生じて、そのうちスランプに陥ってしまいます。それも見据えて、複線的に自分の意のままに挑戦したいことを試してみることが幸福なキャリアの方程式なのだ、と説いているのです。

あなたの一生は、自分のキャリアをどのように形成するのかによって大きく変わっていくでしょう。

行き当たりばったりで変化に翻弄されるのではなく、いま改めてキャリア資本という分析的な視点から自分のキャリアを見直し、これから先、どのようにそれを形成するのか戦略的に考えること。

プロティアン・キャリアとは、人生100年時代を豊かに過ごすための羅針盤であり、心理的な達成感と内的な幸福度を高める実践的な「生き方の作法」なのです。

名刺交換に終始しない「異業種交流」

社会関係資本を形成する手段として再評価すべきなのが、社外ネットワークです。よく、「異業種交流会は行っても意味がない」と言われます。たしかに、その場で知らない人に名刺を配るだけで、表面的な会話に終始すれば、あまりメリットを感じられないかもしれません。次につながる関係が構築できないからです。

けれど、その場限りの交流ではなく、人的ネットワークを広げ、変身するための資本を築く機会と捉えるようにすれば、ある程度は意味のあるものになります。

ここで私が想定している異業種交流会は、セミナーへの参加や社外の人との勉強会も含みます。

ポイントは、セミナーや勉強会、交流会に、ただ顔を出すのではなく、その場の出会いを次にどう生かすかということ。異業種の人たちが集まる場所で、社会関係資本を蓄積するには、次のようなポイントに気をつける必要があります。

✓ 名刺交換の回数や枚数を目的にしない
✓ 一人で参加する
✓ いままで話したことのない人と話すようにする

先ほども触れましたが、よく見かけるのが、できるだけ多くの人と名刺を交換しようとする参加者です。

30人が集まる会合で、その全員と名刺を交換したからといって、あなたの社会関係資本が蓄積されるわけではありません。交換した名刺の枚数にこだわっても意味はありません。

大切なのは、その場で交わされるコミュニケーションです。

それも、すぐに自分のビジネスにつなげようとするのではなく、会話の相手がどんな仕事をしているのか、何に関心を持っていて、どこに向かっているのかなどをまず聞く。丁寧なコミュニケーションを心掛けましょう。

また同僚や部下と一緒に参加するのではなく、なるべく一人で参加する方がいいでしょう。異業種交流会の学びや経験を仲間と共有したい気持ちも分かりますが、一人で参加することで、あなたのことを知らない人とのコミュニケーションが生まれるのです。

長く同じ会社に勤めていると、いつ間にか、誰もがあなたの仕事ぶりを知っているというような錯覚に陥ります。あなたのことを知らない人との、ゼロからのコミュニケーションが気づきを与え、同時に社会関係資本の蓄積にもつながるのです。

自分と異なるタイプと話せ

異業種交流会に一人で参加し、丁寧なコミュニケーションを重ねる。そのうえで、あえてこれまでに話をしたことのないタイプの人に、積極的に話しかけるようにしてください。人はそれぞれ、様々な経験を積んで社会関係資本を蓄積しています。あなたと異なるタイプの人とのコミュニケーションこそ、あなたの変身資産を蓄積させることになるのです。

誰にでもできるちょっとした心掛けですが、これらを意識して行動する人と、全く意識していない人では、社会関係資本の蓄積に相当の差が生まれていきます。

逆に言えば、こうした機会を軽視していると、自分に学びを与えたり、自分を見つめ直す機会を与えてくれるコミュニティとのつながりが次第に弱くなっていきます。

そして仕事のストレスを一人で抱えたり、転職を迫られたときの選択肢が少なくなったりするのです。

社会関係資本を蓄積すれば、社会的ネットワーク論者として著名なマーク・グラノベッター教授が提唱する「弱い紐帯の強み（The Strength of Weak Ties）」も養われます。「弱い紐帯の強み」とは、家族や親友、職場の仲間といった「社会的に強いつながりを持つ人々」よりも、友達の友達やちょっとした知り合いなど、「社会的なつながりが弱い人々」の方が、新しく価値の高い情報をもたらしてくれる可能性が高い、ということを示した言葉のことです。そして、これを機能させるには日頃から社会関係資本を蓄積していなくてはならないのです。

ビジネス資本と同じように、社会関係資本も戦略的かつ長期的に管理し、形成していくこと。そうすれば、社会関係資本が新しいことに挑戦し、行動するあなたの背中を押してくれるはずです。

プライベートの関係性があなたを豊かに

これまで、プライベートのライフイベントは、個人のキャリア形成の外側にあるものだと認識されてきました。けれど、個人が自分でキャリアを形成するプロティアン・キャリアでは、仕事もプライベートも、どちらも重視していきます。

家族や友人などとのプライベートでの出来事を通じて、ビジネスシーンでは形成されない社会関係資本を構築することができます。プライベートは社会関係資本を培うためにも役立つと捉えるだけでも、キャリア形成の内側にあるものだと再評価できるはずです。

何より、夫婦のパートナーシップや親としての役割、自分の親の介護など、人生100年時代を過ごす中で、あなたが経験する様々な役割は、仕事ばかりに追われる人生よりも、あなたに精神的な豊かさを与えてくれるはずです。パパ友やママ友、近所との付き合いなども、あなたにとって大切な社会関係資本を形成しているのです。

自分自身の力と意思で、変幻自在にキャリアを形成するプロティアン・キャリアだからこそ、これまで以上にビジネスシーン「以外」の関係性は、欠かすことのできないキャリア資本になるのです。

会社に人生を乗っ取られる？

「いいかね。たとえラットレースに勝ったとしても、君達は所詮ネズミのままだ」

――ウィリアム・スローン・コフィン、回顧録―イエールの新入生クラスへの講演1958年、ダグラス・ホール著『プロティアン・キャリア』（亀田ブックサービス、p.16）

ウィリアム・コフィン牧師は、米イエール大学の新入生に向けて、大学を卒業して社会人になってから多くの人が陥る「キャリア・トラップ」についてこう述べています。

人間は自分の人生を主体的に生きるために学びます。義務教育を経て、中学や高校へ進学し、大学を卒業する。多くの人は大学を卒業すると、どこかの企業に就職します。

そこで求められるのは、ビジネスシーンで活躍するために必要な数々のスキルでしょう。新人研修ではまず必要最低限のスキルと、ビジネスパーソンとして恥ずかしくない所作や振る舞いを教えられます。

その後、初めて現場に配属され、先輩や上司からフィードバックを受けながら、仕事を覚えていきます。ビジネスパーソンとしてある程度独り立ちできるようになると、そこからは組織の中での昇進が気になるはずです。

もしかするとその頃には、**「自分の人生を主体的に生きるために働くこと」がいつの間にか、「組織のために働くこと」に置き換わっているかもしれません。**

組織内の昇進レースに没頭するようになると、自分のキャリアを見直す時間が取れなくなってしまいます。

そして、ハタと「こんなはずじゃなかった」と気がつくのは、大きくは次の二つの状況に直面したときです。

一つ目は、**このまま働き続けても自分が期待したように昇進はできないと察するタイミング。**ある程度キャリアを重ねて、30代半ばから40代くらいになると、部下や後輩を育ててきた自負もあるでしょう。このタイミングでキャリア・プラトーに陥ると、「自分自身の人生を主体的に過ごすことができていなかった。会社という組織に自分の人生がとらわれてしまっていた」と気がつくのです。

もう一つは、**管理職としてキャリアを積んだ頃に早期離職制度を使うタイミングです。**

これから先も同じ組織で働き続けていいのだろうか。それともいま、会社を辞めて次のキャリア形成に向けて準備をした方がいいのだろうか。会社からも「あなたはこの先、どう生きますか」と問われ、40代半ばや50代で、キャリアについての自問自答に迫られます。「これまで働いてきて、自分は何を成し遂げたのか、得意分野は何なのか」。社会人としてのこれまでの経験を棚卸しし、自分自身を見つめる必要があるのです。

どちらの場合でも、いつの間にか自分の意思でキャリアを形成することを見失っていたことに、あるとき、気がつくのです。

どれだけ昇進レースで頑張ったところで、それが自分の意図するものではないなら、それはしょせん、ラットレースの中でぐるぐると走るネズミにすぎません。その先、どこかにたどり着くことはないでしょう。

ラットレースから抜け出さない限り、精神的な満足感や達成感、人生を自分自身でコントロールできているという自己肯定感を得ることは、きっとできないはずです。

自分の人生を生きているか

牧師のウィリアム・コフィン氏は、そうならないためにも自分で主体的にキャリアを形成することを片時も忘れてはいけないと、私たちに教えてくれたのです。

そしてそれは、「自分の人生を生きるために働くこと」の本当の意味を、改めて考えるきっかけにもなります。

ラットレースとは、そもそも閉じられた組織の中での小さなレースにすぎません。

その組織から外に出てしまえば、もはやあなたが課長であろうが、部長であろうが、それは何も関係のないことなのです。

もちろん、ラットレースの中で走り続けることを選んでもいい。

自分が選んだ結果、組織の中で昇進競争に身を投じるのであれば、それもあなたの人生です。

自分で考え、決断を下したのならば、家族や友人とのプライベートの時間を充実させながら、ラットレースを戦略的に戦うこともムダではないでしょう。

第 5 章

「経済資本」に転換する

稼ぎ方を戦略的にデザインする

これまでの多くのキャリア論は、「稼ぎ方」を正面から論じてきませんでした。プロティアン・キャリア論を提唱したダグラス・ホール教授も、稼ぎ方については何も触れていないのです。

けれど、これはおかしなことです。

組織に人生を預けず、自分でキャリアを形成するなら、稼ぎ方だって戦略的かつ計画的に、自分でデザインしなくてはなりません。稼ぎ方にまで踏み込んでキャリアを設計する方法を論じなければ、プロティアン・キャリアは実践できないのです。

蓄積したビジネス資本と社会関係資本を、どうやって経済資本、つまりはお金に転換するのか。この方法こそ、誰もが一番知りたいことだと思います。

本書でこれまで触れてきた通り、まずは目の前の仕事に没頭し、ビジネス資本を形成すること。同時に、一つの組織にキャリアを閉じ込めるのではなく、職場「以外」のネットワークを大切にして、社会関係資本も形成していく。

ビジネス資本と社会関係資本を掛け合わせて、あなただけの唯一無二のキャリア資本が形成されると、市場での価値が高まり、経済資本への転換につなげることができるようになります。

本章では、まずビジネスパーソンの稼ぎの実態を把握したうえで、プロティアン・キャリアを形成するための稼ぎ方について具体的に掘り下げていきましょう。

二極化する40代の年収

40代の年収は、見事に二極化しています。

40代で1000万円以上の年収を稼いでいるビジネスパーソンは7・3%しかいません。

国税庁が毎年実施する「民間給与実態統計調査」（平成28年分）によると、ビジネスパーソンの平均年収は422万円。その内訳は、男性の平均年収が521万円、女性の平均年収が280万円となっています。

40代を迎えても、年収が平均を下回る人は25%近くも存在します。4人に1人が平均年収以下で40代の働き盛りを迎えているのです。

あなたは、現在の稼ぎに満足していますか。

内閣府が実施する「国民生活に関する世論調査」（平成30年）で、所得・収入の項目を見ると、現在の収入に「満足している」と回答した人は、全体の5・8％しかいません。対して、38・1％の人が「やや不満」、14・1％の人が「不満」と答えています。半数以上となる52・2％の人が、収入に対して満足していないのです。

私たちは、生涯においてかなりの時間を働くことに費やしています。そして働くことの対価として稼ぎを得ています。それなのに、生活の大部分を占める働くシーンで不満を抱いている人が半数以上もいるのです。

中には、稼ぎが少なくてもやりがいを感じる仕事に就いて満足している人もいるでしょう。ノーベル経済学賞を受賞した米プリンストン大学の心理学者、ダニエル・カーネマン教授が明らかにしたように、年収900万円までは年収が上がると幸福度も上がるが、それ以上は年収が増えても比例して幸福度が高まるわけではない、という研究結果もあります。人間の幸福感は稼ぎだけでは測れません。

とはいえ、できることなら少しでも多く稼ぎたいと考えるのが人間の常。

特にこれからは、どんな大企業でも確実に終身雇用が崩壊します。これまでのように、単に会社に長く勤めていれば、年功序列で給与も上がっていくわけではないのです。

社会や市場、そして自分自身の変化に応じて、変幻自在に変わるプロティアン・キャリアを構築する中で、どのように収入を増やしていけばいいのでしょうか。

「生涯年収3億円」の壁を打ち破れ

ビジネスパーソンは、生涯にいくら稼いでいると思いますか。

大卒男性の生涯年収は2億7000万円、大卒女性の生涯年収は2億1670万円とされています。高卒男性の生涯年収は2億7300万円、高卒女性の生涯年収は1億4640万円です。

つまり、私たちの多くは「生涯年収3億円」を稼ぐことができずにいます。

この生涯年収の格差は、日頃の行動習慣の総体的な蓄積から生まれています。

例えば、テクノロジーが発達した現代社会では、誰もがいつでもどこからでも学べる時代です。学びを深めながら働く人と、目の前の仕事をただこなすだけの人。この両者の間には、明確な行動格差が存在します。

こうした習慣は意識をすれば誰でも変えることができます。歯磨きのように、学習時間を日常のルーティンに組み込むことで、コツコツとスキルを磨いて収入アップを図れば、生涯年収が3億円を超える可能性は高くなるはずです。

プロティアン人材というのは、特有の行動特性を持ち、日々それを実践しているから結果的に年収が高いのです。

プロティアン人材に先天的な要素はいりません。

毎日の生活の中で、さらに言えば普段の仕事の中で、行動を変えて進化すればいい。後天的にスキルを身につけるのです。

一度きりの人生で、1億円の宝くじに3回当たることはほぼ不可能です。けれどプロティアン・キャリアを形成して、生涯年収3億円の壁を越えることは十分に可能です。

プロティアン人材として生涯年収3億円を稼ぐには、三つの道が用意されています。

一つ目は、**現在の年収を上げていく高額年収モデルです。**年収750万円で、60代に定年するまで40年働くと、生涯年収は3億円に達します。

二つ目は、**勤労年数を伸ばす長期年収モデルです。**年収600万円で70代まで、50年働き続けると、生涯年収は3億円になります。

三つ目は、**副業や兼業で収入を増やす複数年収モデルです。**本業の年収500万円と、副業の年収120万円を合わせて年620万円を稼ぎ、70代まで働き続ければ、やはり生涯年収は3億円になります。

この三つの年収モデルのうち、どれを選ぶのかはあなた次第。夫婦や家族の状況、さらには現在の労働環境などによって、選べる道と選べない道があるはずです。

この三つのうち、あなたに最も合う働き方を選べばいいのです。

プロティアン・キャリアの六つのタイプ

プロティアン・キャリアは六つのタイプに分類できます。本書では六つのプロティアン・キャリアについて定義をしました。

現状の働き方と、蓄積してきたキャリア資本を分析し、あなたに最も近いタイプを念頭に置いてみると、この先のキャリアプランがより描きやすくなるはずです。

(1) トランスファー型プロティアン・キャリア

企業で働きながらビジネス資本を形成し、あるタイミングで転職し、これまで形成して

図1　6つのプロティアン・キャリアのモデル

プロティアン・キャリアモデル	キャリアの経路
(1) トランスファー型 プロティアン・キャリア	企業で働きながらビジネス資本を形成し、あるタイミングで転職し、これまで形成してきたビジネス資本をさらに蓄積しながら、新たな職場で社会関係資本を増やすキャリア
(2) ハイブリッド型 プロティアン・キャリア	企業で働きながら複数のビジネス資本を蓄積し、異なるビジネス資本との掛け算で、その人にしかなし得ないユニークな市場価値をつくっていくキャリア
(3) プロフェッショナル型 プロティアン・キャリア	一つの専門性を深めてビジネス資本を形成。その専門性に関する新たな知見や動向をキャッチアップしながら、さらに専門性を深化させるキャリア
(4) イントラプレナー型 プロティアン・キャリア	社内資源を利用しながらビジネス資本を更新し、社内の機会を開き、外部との交流を重ねながら社会関係資本を増やすキャリア
(5) セルフエンプロイ型 プロティアン・キャリア	ある組織で形成したビジネス資本、社会関係資本、経済資本を元手に独立し、自分が得意な領域を形成するキャリア
(6) コネクター型 プロティアン・キャリア	社会関係資本の形成を大切にしながら、人と人をつないでビジネスを生み出したり、人が集まるコミュニティをつくったりするキャリア

注：2019年著者作成

きたビジネス資本をさらに蓄積しながら、新たな職場で社会関係資本を増やすキャリア

(2) ハイブリッド型プロティアン・キャリア

企業で働きながら複数のビジネス資本を蓄積し、異なるビジネス資本との掛け算で、その人にしかなし得ないユニークな市場価値をつくっていくキャリア

(3) プロフェッショナル型プロティアン・キャリア

一つの専門性を深めてビジネス資本を形成。その専門性に関する新たな知見や動向をキャッチアップしながら、さらに専門性を深化させるキャリア

(4) イントラプレナー型プロティアン・キャリア

社内資源を利用しながらビジネス資本を更新し、社内の機会を開き、外部との交流を重ねながら社会関係資本を増やすキャリア

(5) セルフエンプロイ型プロティアン・キャリア

ある組織で形成したビジネス資本、社会関係資本、経済資本を元手に独立し、自分が得意な領域を形成するキャリア

(6) コネクター型プロティアン・キャリア

社会関係資本の形成を大切にしながら、人と人をつないでビジネスを生み出したり、人が集まるコミュニティをつくったりするキャリア

プロティアン・キャリアを六つのタイプに分類したうえで、それぞれのタイプに、どのようなキャリア資本が必要なのかをまとめたのが165ページの表です。

表内の「+」は、それぞれのプロティアン・キャリアを実践した結果、形成される資本の程度の目安です。

まずはあなたの資本について冷静に棚卸しをしましょう。そのうえで、プロティアン・キャリアを構成する三つの資本のうち、何を強化すればいいのかなどの判断に活用するといいでしょう。そして、いまのキャリアの状況から一つのタイプを選んでいくのです。

図2　プロティアン・キャリア資本の蓄積モデル

プロティアン・キャリアモデル	支柱	ビジネス資本	社会関係資本	経済資本
トランスファー型プロティアン・キャリア	転職	++	+	++
ハイブリッド型プロティアン・キャリア	副業	+	+++	+++
プロフェッショナル型プロティアン・キャリア	専門	+++	+	+++
イントラプレナー型プロティアン・キャリア	組織	+	+	+
セルフエンプロイ型プロティアン・キャリア	起業	++	++	+
コネクター型プロティアン・キャリア	関係	+	+++	+

（2019年著者作成）

例えば私の場合、プロフェッショナル型プロティアン・キャリアが当てはまります。表を見ると、プロフェッショナル型プロティアン・キャリアで相対的に弱いのは社会関係資本です。ですから社会関係資本を意識的に形成すれば、経済資本へ転換させる道筋が見えてくる、というわけです。

すでに一定の蓄積があるビジネス資本だけを磨き続けていては、経済資本に転換する、つまり収入をアップさせることは難しいはずです。

本書では六つのタイプをすべて見ていくことはできませんが、一例としてトランスファー型とハイブリッド型のプロティアン・キャリアの形成事例について、具体的に見てみましょう。

学び、転職してキャリア資本を磨く

31歳の岡田智哉（仮名）さんは、都内の私立大学を卒業し、ＩＴ企業に勤務しています。エンジニアやデザイナーではなく、総合職としてキャリアをスタートさせました。最初に配属されたのは法人営業部。先輩の社員に同行して、自社サービスを売り込み、プレゼンを繰り返す日々を過ごしていました。現場に配属されてから半年ほどが経ち、次第に受注も取れ、顧客を任せてもらえるようにもなりました。

特に大きな不満があるわけではなかったけれど、入社3年目が過ぎた頃、「このまま、いまの会社で働き続けてもいいのだろうか」といった考えがよぎるようになっていきました。「仕事を覚えて、会社にはそれなりに貢献している。けれど個人としては成長していない」と感じるようになったのです。

そこから岡田さんは、社会人セミナーに足を運ぶようになりました。

様々な企業で働く社会人と交流することで、二つの気づきを得たと言います。

一つは、同世代の社会人の働き方や生き方に触れ、自分が知らないキャリアもたくさんあると知ったこと。

もう一つは、会社の中で自分の経験を客観的・相対的に捉えるようになったこと。

岡田さんは、社会人セミナーに参加しただけで、生産性を高めたり、所得を増やしたりするのに役立つスキルを身につけたわけではありません。つまりまだビジネス資本を形成したわけではありません。

けれど、多様性に富んだ社外ネットワークによって社会関係資本は蓄積されていきました。

自分のスキルを磨き続けることの大切さを感じた岡田さんは、社会人大学院への進学を決意し、28歳から30歳までの間、大学院に通いました。

大学院では専門的な学びを深め、同じ志で学ぶ仲間と切磋琢磨し、ビジネス資本と社会関係資本を形成しました。そして大学院修士課程を修了した頃、社会人セミナーで出会った人から連絡を受けました。

「ビジネスのキャリアと大学院での専門的な知見を、うちの会社で発揮してもらえないだろうか」。転職のオファーを受けたのです。

提案があったのは、もともと岡田さんが大学卒業後に働きたいと思っていた第一志望の会社でした。岡田さんにとっては、予想もしない魅力的な誘いです。

社会人セミナーで社会関係資本を形成し、計画的に学習を続けて、ビジネス資本も蓄積していった。計画的な行動の結果として、転職の機会を生み出したのです。

もし岡田さんが、最初に入社した企業に自分自身のキャリアを預け、社会的なネットワークも閉じたままにしていたら、こんなオファーを受けることはなかったはずです。岡田さんは熟慮の末、転職することに決めました。

個人でキャリアを形成しようとしても、ビジネスには採用する側と採用される側の都合がありますから、何もかも自分の思い通りにはなりません。また投資に対するリターンには偶発的な要素もあり、すべてを明確に予測できるわけでもありません。重要なのは、このタイムラグの間もスキルを磨き続けていくことです。

いまの職場でモチベーションを失い、逃げるように次の会社に転職する人もいるでしょう。けれど、トランスファー型プロティアン・キャリアで想定しているのは、企業にキャリアを預けるのではなく、自分自身を軸にしながらも、ビジネス資本や社会関係資本を着実に築いていく生き方です。その中であるとき、予想もしないオファーを受けたり、自分で手を挙げたタイミングでしっかりとした評価を得て、他社に移籍したりするのです。個人のキャリアを成長させる手段として転職を選ぶのが、トランスファー型プロティアン・キャリアです。

副業の経験が本業にも生きる

社員の副業や兼業を認める企業が増えてきました。ソフトバンク、ユニ・チャーム、コニカミノルタ、リクルート、日産自動車、花王、新生銀行など。これから先も副業や兼業を許可する企業はさらに増えていくでしょう。

厚生労働省がまとめる副業・兼業を促進するガイドラインのポイントは次の通りです。

- ✓ 労働者は、勤務時間外において、ほかの会社などの業務に従事できる
- ✓ 労働者は、副業・兼業に従事するに当たり、事前に会社に所定の届出を行う
- ✓ 会社は、次に該当する場合、副業・兼業を禁止または制限することができる

労務提供上の支障がある場合、企業秘密が漏洩する場合
会社の名誉や信用を損なう行為や信頼関係を破壊する行為がある場合
競業により、企業の利益を害する場合

37歳の山田夏美さん（仮名）は、IT企業で法人営業を担当するかたわら、平日の夜にはコミュニケーション研修の講師を務めています。

厚労省のガイドラインを守ったうえで研修講師として、新たなビジネス資本を形成しているのです。

山田さんは本業を軽視しているわけではありません。副業を通じて、社内で働いているだけでは養うことのできないスキルを磨くことができれば、それは本業の仕事にも生かされます。本業と副業が相互に刺激を与え合って、山田さんのキャリアに新しい価値を生み出しているのです。

いまはSNSを通じて、こうした活動の内容を発信することもできます。そして一つの実績が、次の機会につながることもあります。

このようなハイブリッド型プロティアン・キャリアは、副業や兼業の解禁という流れの

中で、これからさらに注目を集めるはずです。ハイブリッド型プロティアン・キャリアの形成については、本書の補論でも触れていますのでご覧ください。

あなた自身は、プロティアン・キャリアの六つのタイプの中で、どれに属するのでしょうか。それを認識すれば、その先に磨くべきキャリア資本が何なのかもクリアに見えてくるでしょう。

「教育↓仕事↓引退」の流れは終わった

大学を卒業すると一つの会社に入り、定年まで働き続けて、引退する。「教育↓仕事↓引退」と一本の線で描かれた人生の「三ステージモデル」は、終焉《しゅうえん》を迎えようとしています。

人生100年時代。私たちは過去のどの時代よりも長く生きなくてはなりません。それなのに、最初に入社した会社でキャリアを完結させるのは、不可能ではないでしょうか。

経済が右肩上がりの時代なら、年功序列の雇用制度に守られ、自分のビジネス資本は、年齢に比例して経済資本に変換されていました。個人は企業にキャリアを預けて働き続ければ、その対価として自動的に年収が増えてきたのです。

けれどもう、そんな時代ではありません。

個人の寿命は長くなる半面、会社や職業の寿命は短命化が進んでいます。人生を一つの会社、一つの職業だけで終えることが、現実的に難しくなっているのです。

「教育→仕事→引退」という三ステージの人生は、習い事や教育など、親から受け継いだビジネス資本を、新卒一括採用によって〝就社〟することで、〝換金〟してきただけ、とも言えます。

親の資産を継承する再生産の社会構造がそのまま残ってしまっていたのです。これでは個人のやりがいも何もあったものではありません。

だからこそ、自分の意思と戦略でキャリア資本をコントロールしていきましょう、というのが、本書で私が伝えたかったことです。

自分でキャリア資本をコントロールする。

これまでのように、個人のキャリアを会社が管理する時代ではもう、ありません。

最近では、日本でも「リンクトイン」のように、個人がそれまでどんな経験や学びを得てきたのかが分かるビジネスSNSなども普及してきました。個人が自分のキャリアを自分で管理できるプロティアン・キャリアの時代がようやく到来したのです。

この流れが日本に広がると、そのうち、「名門企業のA社に勤めている」といったステータスはいまほど重視されなくなるでしょう。

この先さらに人材の流動化が進んでいくと、労働市場では個人を評価する際に、「この人がどのような仕事を重ね、何を学んできたのか」といった経験や学びを資産として判断するようになるでしょう。その中で、必要な人材に仕事のオファーを出すのです。

繰り返しますが、ここで**キャリア資本の状況を管理するのは、会社ではなく、あなた自身です。**それがプロティアン・キャリアです。

本書でこれまで解説してきたようにプロティアン・キャリア資本を蓄え、あなた自身が変幻自在なキャリアを歩んでいけば、その先には間違いなく精神的な豊かさと経済的な豊かさの両方があるはずです。

文字通り、人生100年時代を豊かに過ごすことができるのです。

自分のキャリアに対して、戦略的かつ長期的に自分で投資していくこと。あなた自身が所有する無形資産と有形資産のうちどの分野に投資をするのか、そしてその先に、どのようなビジネス資本や社会関係資本、経済資本を獲得するのか。

戦略的な自己投資のポイントは、その金額と内容を厳密に精査するところにあります。あなた自身がこれまでのキャリア形成で培った資本をベースに、これから先に成長が期待できる分野で必要となるビジネス資本を形成していくのです。

社会人大学院などは、その一例でしょう。

働きながら国内の大学院に通うのか、一念発起して退職し、海外に留学するのか、選択肢は様々あります。どの分野の知識を習得して高度専門人材として活躍するのかを、長期的に見据えて判断することが望ましいでしょう。

プロティアン・キャリアを構築するうえで何よりも重要なのは、自分に対する投資の戦略と、長期的な計画を練り上げていくことです。

趣味が仕事に生きることも

仕事以外の趣味を新たな収入源にすることも、人生１００年時代を豊かに生きる手と言えます。

これまで、社会人の趣味といえば、自分の好きなことや楽しいことを消費する活動とされてきました。けれどこれからは、趣味そのものを生産活動に変えていくことだってできます。

私にそれを教えてくれたのは、あるシニアでした。

ある日、私が大学に通う途中の歩道にあるベンチに、60歳くらいの男性が腰掛け、風景画を描いていました。都会の高層ビルとそれを彩る青々しい木々に、私は思わず見入っていました。

あまりに上手なので声を掛けてみると、その男性は週に二日、好きな場所で風景を描いているそうです。

「絵を描くのが好きなんだ。絵を描いていると没頭できる。その時間が幸せなんだ」

そう打ち明けてくれました。

彼はいつも一人なので、「お一人ですか。描いた絵はどうしているのですか」と聞いてみました。するとその男性は、いつも一人で絵を描いていること、そして出来上がった作品は一人暮らしの自宅に持ち帰って、誰にも見せることがないと打ち明けてくれました。

もちろん、自分が楽しいと思うことをひたすら続けていてもいい。けれど、このままではその趣味は消費活動にとどまってしまいます。

これを生産活動へ変えるとすれば、どんな方法があるでしょうか。

まずは、描いた絵を公開すること。いまではケータイで撮影したものを、ブログやSNSで簡単に公開できます。ツイッターやインスタグラムなどの「#（ハッシュタグ）」機能を使えば、同じような関心を持つ人に作品を見てもらうことも簡単です。

次は、絵を描くコミュニティに参加してみること。これまで一人で絵を描いてきたというその男性には、少し心理的なハードルが高いかもしれません。

けれど、作品を描くという趣味を共有することで、一人で描いているだけでは得ることのできない生きた情報が次々と入ってくるはずです。コミュニティに属することで、職場の同質的なネットワークとは違う社会関係資本を蓄積することもできます。

ほかにも、趣味を通して磨いたスキルを生かして、これから絵を描いてみようと思う人たちに教えてみることもできるはずです。教える側に回ることで、新たなビジネス資本を蓄積し、場合によってはそれを経済資本に転換させることもできるはずです。

趣味の経験も、見方によっては潜在的なビジネス資本となり得ます。

趣味のゴルフを極めて、ティーチングプロの資格を獲得し、週末にプライベートレッスンで教えることもできるでしょう。昼間は会社に勤めて、平日の夜や週末にヨガを教えるインストラクターとなることもできます。子供たちに英語を教えてもいい。

その道一筋のプロフェッショナルでなくても、あなたの得意なスキルを伸ばしていけば稼ぐことができる。それも、こうして得た収入は経済的な価値以上に、やりがいなどの心理的な幸福感を与えてくれるはずです。

本業で培ったビジネス資本を、ほかの業界や職場で生かす副業という働き方もありますが、打ち込んできた趣味を収入へと転換させることで、本業とは全く異なるビジネス資本を形成することもできるのです。

仕事と余暇。仕事と趣味。これらを別物として切り離す考え方は、これからは時代遅れになるでしょう。この境界線を取り払い、趣味を仕事につなげる人も増えるはずです。

仕事にも遊びの要素があるし、プライベートにも仕事に役立つ要素がある。だから、日々の生活そのものが仕事となり、仕事とプライベートの境目が曖昧《あいまい》になっていく。仕事とそれ以外を分けない生き方こそ、最終的なプロティアン・キャリアのゴールなのです。

あなたを唯一無二の存在に

あなたのキャリアを、一つの組織に預けることはもうやめましょう。

たとえうまくいかないことがあっても、いまいる環境で新たに挑戦してみたり、これまでとは異なる環境に身を置いたりすることで、あなたは自分で適応力を磨いていくべきなのです。

自分で主体的にキャリアを形成するからこそ、組織や社会の変化に対応でき、結果的には人生100年時代を生き抜ける稼ぐ力が身につく。それがいま求められているプロティアン・キャリアなのです。

変化の激しい過渡期に生きる私たちはこれから先、どんな組織に所属していたとしても、自分の人生やキャリアの方向性を自分でデザインする心構えが何よりも大切なのです。

そのプロティアン・キャリアを形成するための行動指針をまとめました。

✓ 独自の**唯一無二の価値をつくる**

✓ 自分で目標を設定して挑戦し、**成功体験を重ねる**

✓ 思うような結果が出ないときには、**冷静に失敗を分析する**

✓ 他人の価値観ではなく、自分が何を大切にするのかという**アイデンティティを磨く**

✓ 専門性を深めながらも、同時に**特定の専門性に固執しない**

✓ **同業者のネットワークの中だけに埋まらない**

✓ **異業種とのネットワークを意識的につくる**

✓ 組織に属しながら、**外部との社会関係資本を形成する**

✓ 求められた環境に適応できるよう、**自分のキャリアを更新する**

✓ **限られた時間内の生産性を高める**

✓ 組織や市場、社会を分析し、**変化に適応するアダプタビリティを磨く**

✓ 消費ではなく、戦略的な自己投資で**キャリア資本を貯める**

最強のプロティアン・キャリア形成術

一つの会社に就職して、組織内でキャリアを重ね、定年退職を迎え、老後は退職金と年金で暮らしていくことのできた時代には、変幻自在に自分のキャリアを形成する必要はありませんでした。

しかし、社会は変化します。

私たちの直面している日常が、時代の大きなうねりの中で、どのように変わっていこうとしているのかを、私たちは見極めなくてはなりません。

変わらないままでは、私たちは確実にこの先、社会の変化に取り残されてしまいます。目覚ましい技術革新は、社会をより便利に変えるのと同時に、私たち自身にも変化に対応することを迫っています。

この変化に積極的に向き合いながら、あなたのキャリア資本を自分で形成する日々が、豊かな人生を過ごす近道になるのです。

ここで不可欠なのが、キャリアプランニングです。

あなたはいつまでに、どのように変わっていくのでしょうか。

企業が中長期的な経営計画を立てるように、あなた自身もキャリアの戦略を練り、実行しなくてはなりません。職場で組織開発をするように、あなた個人も意識的にキャリアを開発していくこと。

その第一歩として、あなたがこれまで蓄積してきたビジネス資本を書き出してみるのもいいでしょう。

働きながらビジネス英語を学んできた。週に一回のペースで三年間続けて、TOEICの点数を伸ばした。そういったことも、キャリア開発の一つの実績と言えるでしょう。

あなたは、いつまでにどんなスキルを得たいと思っていますか。

これから先はどんな領域で活躍したいと考えていますか。

いまあなたが描く未来の姿を、スプレッドシートに落とし込むのも効果的です。

ここで優先的に〝見える化〟した方がいいのは、あなたの無形資産です。年収や金融資産、不動産などの有形資産は、簡単に〝見える化〟でき、金銭的な価値に変換できます。けれど無形資産は分かりづらい。

この無形資産を〝見える化〟することで現状を把握し、その先、どう変わるのかを中長期的に捉えなければ、将来のプランを練ることはできません。

キャリアの〝迷走〟を避けるには

有形資産と無形資産を把握できたら、いかに自分に投資をして、ビジネス資本と社会関係資本を増やすのか、計画するのです。

ここで、「自分らしさとは何か」というアイデンティティと社会や組織にどう対応するのかというアダプタビリティを見失わないようにしましょう。

プロティアン・キャリアを形成するうえで不可欠なことはまず、自分の状況を把握し、分析すること。キャリアというものは、どうしても曖昧《あいまい》な概念として誤解されがちです。

さらにプロティアンという変幻自在に変わる根幹を忘れて、単純に組織から組織へ移動すればいいのではないか、と捉える人もいます。

状況によって、働く場所を変えることはとても重要です。

けれど、プロティアン・キャリアの根幹を支えているのは、「場所を変える」ことではなく、場所を変えながらビジネス資本の「何を蓄積していくか」ということです。この軸を見失うと、一見、プロティアン・キャリアを構築しているように見えても、ただ単に迷走しているだけ、ということになりかねません。

本書ではプロティアン・キャリアの形成術について具体的な方法をお伝えしてきました。この説明の中で、「キャリア資本」という概念を用いたのは、変化によって何が蓄積されているのかを明確にすべきだと考えたからです。それが分からなければ、中長期的なキャリアプランニングは不可能です。

キャリア資本を戦略的に蓄積し、いつかは経済資本に転換する。

これまでは、ともすれば個人の内側の問題として捉えられてきたキャリアを、企業が経営戦略を練るのと同じように戦略的に組み立てて、実践すること。

キャリアの〝オーナー〟を組織から個人に移すということは、私たち一人ひとりが人生の経営者となって戦略を練り、実践していくことなのです。

言い換えれば、それはこれまで私たちがビジネスの現場で実施してきたプロジェクトマネジメントを、あなた本人のキャリア、そして人生でも実践するということです。

図3　プロティアン・キャリアの形成術

	従来型のキャリア形成	プロティアン・キャリア形成
分析	キャリアの「過去ー現状」分析	キャリアの「現状ー将来」分析
計画	単線的なキャリアプランニング	螺旋的なキャリアプランニング
焦点	キャリアトランジション分析	キャリア資本分析

注：2019年著者作成

最後に改めて、これまでのキャリア形成と、プロティアン・キャリア形成との違いについて、上の表にまとめました。

昇進や昇格が重視された組織内キャリアでは、過去の実績や現状の働き方がビジネスパーソンの評価基準に据えられてきました。キャリアを分析する際の視点も「過去—現状」に焦点を当ててきたのです。

一方、プロティアン・キャリアで重視するのは、あなたが「これから何をするのか」ということ。この先を見据えて、キャリアの「現状—将来」に焦点を当てるのです。

また、これまでは単線的なキャリアで考えられてきましたが、プロティアン・キャリアでは副業や兼業、転職、働き方の多様化によって、私たちは実に多様なキャリアのステージを迎えることになります。そしてあるステージから別のステージへ、またある企業からほかの企業への移動を重ねて、キャリアは一本の真っ直ぐな線ではなく、螺旋《らせん》状にぐるぐると回りながら上へと登っていく線を描くはずです。

ここで**私たちが意識しなくてはならないのは、変幻自在に「変わる」ことそのものではなく、変わりながらどのようなキャリア資本を形成していくのか、ということなのです。**

本書で見てきたプロティアンな人生は、「老後2000万円不足」を嘆くのとは異なる生き方です。様々な社会の変化に対して、自ら変幻自在にキャリアを形成するプロティアン・キャリアでは、組織にキャリアを預けないのと同じように、国に老後を預けるリスクもきっと減らせるはずです。

さあ、あなたもプロティアンな人生の旅を始めましょう。

対談：複業研究家・西村創一朗氏

補論

プロティアン・キャリアのもう一つの道

“複業”で働き方をアップデート

西村創一朗（にしむら・そういちろう）氏

HARES代表取締役　1988年生まれ。首都大学東京卒業後、リクルートキャリアに入社し、法人営業や新規事業開発、人事採用を担当。本業のかたわら、自身の会社HARESを設立し、パラレル・キャリアの実践と普及を促進するコンサルタントとして活躍する。2017年に独立。経済産業省「我が国産業における人材力強化に向けた研究会」委員（2018年3月まで）。著書は『複業の教科書』（ディスカヴァー・トゥエンティワン）。

田中　私はキャリア論の研究者ですが、ここ数年でキャリアに対する考え方が大きく変わってきたと感じています。
西村さんが著書『複業の教科書』（ディスカヴァー・トゥエンティワン）で説く、副業ならぬ〝複業〟というトレンドも興味深いテーマの一つです。その前提として、世の中の「転職」に対するイメージがかなり前向きに変わってきた印象を受けます。**ひと昔前だと、「転職を繰り返す人＝負け組」と考えられていたけれど、いまは前向きなステップアップとして検討する人が増えたように感じます。**

西村　同感ですね。私がリクルートキャリアに入社した2011年頃は、転職はまだまだネガティブな響きを帯びていて、「社名が少ない履歴書の方が美しい」とされていました。
しかし、この5年ほどで転職市場は非常に活気を帯びてきて、**「一社に一生を捧げるつもりで働いてきたけれど、まだまだ先が長い」と焦りを感じる40代が増えています。**20代から30代の頃、沈みつつあるタイタニック号から小さなボートに乗り換えるように、大企業からベンチャー企業に転職して、活躍している人たちの姿が目立つようになったからかもしれません。

「複業」はお試し転職のようなもの

田中 分かりやすい例ですね。とはいえ、転職は一社から一社へと飛ぶ決断で、リスクが伴うことには変わりはありません。そのとき、完全に飛ばなくても、お試しのような形で転職できるのが複業だと、西村さんは説明しています。

大学教員の世界では、複業は当たり前の働き方でもあります。誰もが裁量労働制の中で、教員や研究者として活動しながら、講演や翻訳の仕事を受けています。

ここで改めて考えたいのは「複業」と「転職」の違いです。一番大きな違いは何だと思いますか。

西村 リスクの違いですね。私がオススメしている複業は、いわゆる小遣い稼ぎの目的ではなく、本業で挑戦できないことを試したり、本業で高めたいスキルを磨いたりするようなトレーニングを目的としたものです。
本業を続けながら、学生時代から憧れていた仕事に挑戦して、向き不向きを見極める。実際に試して向いていないと分かれば、本業に専念する覚悟も持てます。

転職でありがちな失敗の一つが、やりたいことを実現するために思い切って向こう岸に飛んだのに、実際には全くイメージと違った、あるいは向いていなかった、という誤算です。

これは、先が見通せない場所に向かって立ち幅跳びをするようなもの。着地をした場所が、以前いた場所よりも働きがいのあるところならいいけれど、それは行ってみないと分かりません。思い切ってジャンプしたのに、「前の職場の方が良かった」と後悔する人をたくさん見てきました。

そのリスクを大幅に減らせる方法が、「まずは複業で試してみる」という新しい選択肢です。軸足は本業に置きつつ、片方の足でピボットをするように一歩を踏み出してみる。

「まずは週末だけ」など、無理のない範囲で本業以外の仕事に挑戦してみる。新しい経験で得た学びを本業に生かし、複線がスパイラル状になってキャリアの価値を高めていくのが、複業の基本的な考え方です。

複業で雇用や配属のミスマッチを軽減

田中　これまで、キャリア論の前提となっていたのは単線型モデルでした。大学を卒業して特定の企業に就職したら、その中で経験を積んで、昇進して、いずれ定年を迎えるという、組織内キャリアモデルですね。これに転職が加わったとしても、あくまで〝乗り換え〟という考え方でした。けれど、この単線型キャリアには常に「雇用のミスマッチ」というリスクが付きまとっていました。

一方で、複業はこのリスクを軽減する、同時進行で複数のキャリアを展開する並走型の選択肢です。

西村　雇用のミスマッチだけでなく、配属のミスマッチによる不満や焦りを解消する方法にもなります。

田中　卒業生を見ていても、雇用や配属のミスマッチがきっかけで転職を繰り返し、悪循環から抜け出せないパターンの人がいます。それは不幸ですよね。ですから、パラレル・キャリアで自己実現の可能性を高める考え方には大賛成です。

私がいま研究をしているプロティアン・キャリア論は、複業を理論的に語るフレームにもなると感じています。

西村 「プロティアン」とはギリシヤ神話に出てくる、神プロテウスに由来する言葉で、日本語で表現すると「変身」とか「変幻自在」という意味。海の神プロテウスが、ときに炎になり、獣になり、姿を変えて、そのとき必要な力を発揮する様子から、米国のキャリア研究の権威であるダグラス・ホール教授が提唱した考え方が、プロティアン・キャリア論です。

ダグラス・ホール教授は1976年にこの重要性を訴えましたが、そのキャリア論がいま、改めて注目されています。

田中 「変幻自在なキャリア」というと、あまり聞き慣れませんね。けれど、人生100年時代を生き抜く、これからの働き方には合いそうです。

西村 「何者にもなれる」というと一見、「器用貧乏」とも捉えられかねないのですが、柔軟に自分を変化させながら、キャリアに必要な経験を蓄積して、自分自身が自律的にキャリアを形成していくことがポイントだと感じています。

〝変身資産〟を貯めるということですね。

――自分で主体的にキャリアをつくる

田中　変身の前後が分断されるのではなく、蓄積した経験を生かしながら、新たな活躍の場を開拓していくイメージでしょうか。

キャリアは組織に属するのではなく、個人が主体となって決めていくものです。このとき、ダグラス・ホール教授が重要だと強調していたのが、アイデンティティとアダプタビリティ（適応力）です。**個人が主体的に自分らしさを追求しながら、新たな役割に適応していく。無理やりやらされるのではダメなんです。**

西村　採用の現場でも、いかに仕事を個人の内発的動機に合わせるかということが、大きなテーマになっています。

とはいうものの、会社員が仕事をする場合、基本的にはすべて会社が決めてしまう。どの部署に配属されるか、どの上司につくか、その上司の下でどんな仕事をするか――。これらの決定に、本人の意思を反映する余地があまりないというのも現実です。

ただ、個人の決定権が限られてしまうからといって諦めるのはもったいない。その点、自分で100%コントロールできる仕事として始められるのが、複業です。「会社でやりたいことをやらせてもらえない」と嘆く前に、会社の外でできることに挑戦してみる。それが、結果的に変身資産として認められるようになれば、会社から「お前は、こんなこともできるらしいじゃないか」と声が掛かって、希望の仕事に近づく可能性が高まります。

実際、私も会社員時代には、複業がきっかけで事業開発の部署に異動できた経験があります。

複数の組織を出たり入ったりする

田中
ダグラス・ホール教授が2001年に書いた本のタイトルが象徴的で『Careers In and Out of Organizations』。複数の組織を出たり入ったりしながら積み重ねるキャリア、という提唱です。

キャリア論の大家として知られる心理学者のエドガー・シャイン教授の弟子であ

るダグラス・ホール教授の集大成的な理論が複線型キャリアだった、というところが注目に値します。

西村さんが先ほどおっしゃったように、「want（したい）」を「can（できる）」に変える試行錯誤を複数の組織でやりなさい、ということは、ダグラス・ホール教授も言っています。

ただし、単線型のキャリアで複数の組織を経験するには、時間が掛かりすぎる。複線型のキャリアなら、それが効率的に実現できるというわけです。

ところで実際のところ、日本の労働市場において、どのくらい複業は浸透しているのでしょうか。

西村 転職エージェントのエン・ジャパンが3000人の会社員に聞いた調査によると、88%の人が「副業に興味がある」と答えています。これははっきり言って多すぎるくらいです。副収入が目的の人もかなり含まれるようです。

ただ実際にやってみると、長続きするのは自己実現や他者貢献になるような複業です。単に時間を費やして副収入を得ようとするだけでは、本業がおろそかになる場合もあるので、そういう人にはあまりオススメしていません。そんなに甘くないですよ、と。

田中　複業を成功させるためのポイントは何でしょう。

西村　**自分の市場価値を高めるだけの、「why」が明確に言えるかどうか**だと思います。市場価値を高めるには、まずマーケット（Market）のニーズを知らなければなりません。そして、マネタイズ（Monetization）のためのビジネスモデルを勉強する必要もある。加えて、研究が不可欠なのが自分自身（Myself）。この「3つのM」を分析することが重要だと教えています。これは複業に限らず、自分の成長に欠かせない視点ですよね。

田中　特に最後におっしゃった「Myselfの分析」は、うまくできていない人が多いかもしれませんね。

――定年後は誰もがフリーランスに

西村　日本では自分のキャリアを棚卸しする習慣がほとんどないので、そうかもしれません。課長や部長といった肩書きでしか、自分のキャリアを語れない人がほとんどどではないでしょうか。

田中 課長も部長も単に組織内の職位であって、その人が何ができるのかを説明する用語ではありません。キャリアが資産として積み上がっていかないのは、もったいないですね。自己分析は、具体的にどんな方法で実践するのでしょう。

西村 スキルのモジュール（部品）化から着手することを勧めています。例えば、「営業ができます」では漠然としていますが、営業に必要なスキルを細分化していくと、「顧客候補のリスト作成」「説得力のある資料作成」「プレゼンテーション」「成約後の細やかなフォロー」「実績から次の営業に生かす顧客管理」など、いくつものスキルに分けられます。**細かくスキルを部品化したうえで、そのどれに長けているのかを特定したら、それが自分の売れるものの候補になります。**実際に複業で売ってみて、いくらで売れるかを試してみると、そのスキルの市場価値が分かってきます。

田中 そのためには、自分で発信していく必要もあります。

西村 職業ではなく職能、つまり何ができるのかを明らかにして、周囲に示すトレーニングが、これからはもっと必要になると思います。

田中　それは、世の中も変わってきているからでしょうか。

西村　企業が個人を一生にわたって面倒見る時代は終わりつつあります。また個人の長寿化によって、「定年後は全員フリーランス時代」に突入します。その中で、複業は誰もがいつか迎えるフリーランス期に向けたトレーニングと捉えてもいいと思います。

田中　確かに人生100年時代のキャリア設計では、〝何度でも変われる自分〟をいかにつくっていけるか、さらにその変化をいかに市場価値に結びつける資産にできるかがキモになります。

西村　外的環境の変化も大きいですね。すでにロート製薬やソフトバンクなどの大企業が続々と副業解禁を発表しています。厚生労働省はモデル就業規則の副業の項目を「原則、許可」の方向に180度転換しました。いまでは続々と大手企業が副業の解禁を打ち出しています。
つまり、個人が本気で自分のキャリアを守り、攻めなければいけない時代がやってきた、と。

田中　昔は一つの企業で一つの技能を極めるスペシャリストが求められていたと思いま

西村　すが、これからはジェネラリストの時代になるのでしょうね。それも、組織をまたいで活躍できる新世代のジェネラリストが必要になる。「ジェネラリスト2・0」の時代ですね。

――複業で組織の奴隷から解放される

田中　**一つの組織の枠の中で評価される時代は終わり、同時に、大人が何歳になっても自己成長を求められる時代が到来する**とも言えるでしょう。きっと複業は絶好の成長機会になるだろうし、複業をしている人は幸福度も高いのではないでしょうか。

西村　データはまだ取っていませんが、複業を始めた結果、「本業のモチベーションが高くなった」という人は多いですね。企業が解禁を渋る理由の一つとして「本業に専念しなくなるのではないか」という不安がよく挙がるのですが、実は逆で、複業によってキャリアの主導権を得られるので、現状の充実感が高まり、むしろ離職リスクは減るんです。

田中 なるほど。組織の奴隷から解放されるから。

西村 そもそも、複業をするということは、余暇時間の使い方が変わるということです。通常は平日の夜や週末の余暇時間はゲームをしたり、買い物をしたりと、消費によるレクリエーションに使っていた時間を、生産側の活動に回していく。

田中 ベストセラーの『ライフ・シフト』（東洋経済新報社）で著者の一人であるリンダ・グラットン氏が唱えた「リ・クリエーション＝再創造」の時間ですね。料理が好きなら、料理をレストランで食べるのではなく、人に教える側に回る。その視点の移行はすごく大事ですね。

私も学生に、「できるだけ早いうちに、生産する側に回る経験をした方がいい」と伝えています。「複業（副業）」解禁の企業のメリットは何だと思いますか。

西村 まずは、採用力が高まること。特に若い世代にとっては、複線型のキャリアを積んでリスクヘッジできることは魅力に映るはずです。

同時に離職リスクも減らせます。しかも、解禁が早いほど他企業との差別化となって、このメリットを享受できる。売り手優位の労働市場において、人材確保の面で一歩抜きん出ることができます。

複業の目的を見失わないこと

田中　プロティアン・キャリアは、個人の成長だけでなく、組織の成長にもつながるはずです。例えば一つの組織の中で滞留している人材が、ほかの組織で強みを伸ばす機会を得たら、もう一度成長できるかもしれません。あるいは自分の居場所をもう一度、価値付けできるかもしれない。複業は、個人にとっても企業にとってもメリットが多そうです。あえて突っ込むとすると、複業のデメリットは何でしょう。

西村　デメリットというより、優先順位を見誤ると、本業にも支障をきたすリスクはあると思います。複業はあくまで自己実現の手段なので、本業で十分に自己実現できているなら、複業する必要はありません。また複業そのものが主目的になると、本業を圧迫して本末転倒になってしまいます。複業にどれくらいの時間と労力を費やすのかというバランスも、本業の状況次第で緩急をつけた方がいいでしょうね。

田中　私の経験で言うと、会社員時代に複業で得た経験がきっかけとなって、本業で希望の部署に異動できた直後は、ピタリと複業を止めて、半年くらい120％本業に振り切りました。繰り返しになりますが、「複業を始める理由」を見失わないことが大切だと思います。

状況に応じてポートフォリオを変えていく。キャリアのセーフティネットとして複業は効くのですね。ちなみに、複業は若い世代こそ始めるべきものなのでしょうか。話を聞くほど、管理職世代も強く意識すべきキャリアの視点だという気がします。

管理職にこそ必要な「変わる」覚悟

西村　働く期間が延長化されていくこれからの時代には、世代を問わず、自分のキャリアを主体的に切り開く意識が欠かせなくなると思います。

田中　そうですよね。管理職も、プロティアン・キャリアのロールモデルになっていくという気持ちになった方がいい。

テクノロジーがますます進化する中で、いまの知識と経験だけで生き残ろうとする上司には、部下も付いていかないでしょう。管理職も変わることを恐れず、果敢に挑戦して、部下と一緒にプロティアン・キャリアを歩む方が、キャリアの長期的安定につながるはずです。

西村

そう思います。プロティアン・キャリアを切り開く手段となる複業は、いわば〝時間とスキルの投資運用〟です。このうち、時間は若い世代ほど豊富に持っていますが、スキルは40代以降の経験豊富な方が持っている。

自分が保有するスキルを棚卸しして、「本当にやりたいことは何だっけ」と自分自身に問い直してみる。これまで積み上げた経験の中で、「これからも極めていきたい」と意思が宿るものを見定めて、複業として少しずつ始めておくと、定年後のセカンドキャリアの準備にもなります。

これをやっておかないと、定年後に再就職の必要が生じたとき、慌てて求人広告を見て、不得意な仕事を一から始めることになってしまいます。

また部下からの信望という意味でも、会社から言われたことをやるだけの上司と自己成長のために変化し続けようとする上司と、どちらが魅力的かは明白です。実際、私が企業研修に行った先で最も熱心に話を聞いてくださるのが、40代以上の世代です。

田中　複業は、若者に流行っている小遣い稼ぎではなく、管理職世代のキャリアのアップデートにこそ効くのかもしれませんね。

管理職がどういう変化を遂げようとしているか、自己分析から始めて、部下の変化にも伴走していく。そんな上司・部下の関係性が、これから求められる一つのモデルとなりそうです。

ＳＮＳによる情報共有・発信の影響力が大きく、個人の挑戦が可視化される時代だからこそ、輝く上司はより輝いて見えます。

いくつになっても引く手あまたの人材になるだけでなく、管理職世代が組織の外に目を向け、新しい経験にどんどん挑戦して変化することが、組織の成長にもつながります。

西村　ソフトバンクのように、組織の外でも発揮できる社員のスキル、市場価値のあるスキルを評価して、社員が社内講師として活躍する場を提供する企業も出てきています。複業の第一歩を支援する仕組みですね。そういう仕組みづくりが企業価値の向上にもつながると考えています。

長く働き続ける時代に、みんなが適応力を維持し、変幻自在にキャリア形成をしていくことは、組織内で高いパフォーマンスを上げることにもつながるのです。

本対談は、日経ビジネス電子版に掲載されたものを再編集しました。
「転職は怖い。ならば『複業』を試してみよう」（2019年1月8日公開）
「人生100年時代、何度でも生まれ変わる働き方へ」（2019年1月9日公開）

おわりに

バイク事故で親友を亡くしました。23年前のことです。

成人を迎え、人生これからだというときに、突如、この世を去ってしまった友人のことを、いまでも忘れる日はありません。

彼が生きていたら、いま、何をしているのだろうか。

いまを大切に、全力で駆け抜ける。何事も手を抜かない。人生を謳歌《おうか》する。

親友を失ったことで、私は20歳のときに生きる意味を明確に定めることができました。


全力か？

手を抜いていないか？

人生を謳歌しているか？

手を抜いている自覚はないけど、全力かどうかは正直なところ、分かりません。人生を謳歌しているのかもよく分からない。

とはいえ、その時々を大切にして、自分で一歩を踏み出し、行動してきたという自負はあります。

それでも、人生100年時代。43歳の私はこの先、60年も生き続けるのです。

さあ、どうしようかなというのが、本書を書く出発点でした。

人生100年時代をまっとうするのに、何をしたらいいのだろうか。

本書でみなさんと一緒に考えてみたかったのが、**「生涯を謳歌する生き方の作法」**でした。これからの時代を生き抜くための構えを定めたいとも思っていました。

本書の構想が固まってきたある日。ある会食で、数年来の知人に「田中先生は、何でいつもそんなに楽しそうなの」と聞かれました。

その場では、「やりたいことをやってるからですよ」と返答しました。それから数カ月後、その彼と私の共通の友人から、フェイスブックでメッセージが届きました。

「彼が亡くなった」と。

自ら命を絶ったそうです。理由は分かりません。

仕事がうまくいっていなかったのか、人間関係で何か問題があったのか。もはや知る術はありません。

ただ、彼と会うことはもうない。これだけが確かなことです。

最後に会ったとき、彼が発した言葉を、私はその場でもっとしっかりと受け止めるべきだったのではないだろうか。ときに思い出しては、悔いが残ります。

彼の訃報を聞き、悔しさや寂しさ、何とも言えない気持ちが堂々巡りをしました。

「田中先生は、何でいつもそんなに楽しそうなの」という問いの答えを導き出さない限り、先へは進めない。そう感じるようにもなりました。


キャリアに向き合うということは、働き方や生き方を見つめることです。

それは究極的に言えば、生きることの終着点まで見通すことでもあります。

私はどのように生きて、どのように人生の終焉《しゅうえん》を迎えたいのか。

バイク事故で命を落とした親友、自ら命を絶った知人――。原因や理由はどうであれ、当たり前のように享受してきた生が、突然終わることがある。

だからこそ、生きているいまを、そしてこれからの人生を充実させたい。そのための実践的な方法や考え方は何なのか。自分に向けた問いが、本書の原動力でした。

プロティアン・キャリアは、「生涯を謳歌する生き方」のヒントを与えてくれます。

私たちはこの先、人類の歴史の中でも過去に経験したことない長寿社会を生きることになります。

時間はふんだんにあります。そして時間を持て余すようになるのかもしれません。

もしそうなら、「時間が足りない」と思うくらいに少し欲張ってみるのも悪くないと思いませんか。

人生は100年も続くのです。命を終えるまでの長い長い時間を楽しめないなら、日々は苦痛以外の何ものでもありません。ルーティンを淡々とこなす日々でも満足できるなら、それはそれでいいのかもしれません。けれど仕事に没頭して、「雑念が一切入らず、幸福感に満たされ、集中力に研ぎ澄まされる」というフロー状態で、自分を成長させていけるなら、そちらの方が魅力的な人生なのではないかと、いまの私は感じています。

私たちを取り囲む環境は、刻々と変わっています。

そんな時代を楽しむ秘訣、楽しさを見いだすコツは、むしろ**変化を肌身で感じ、楽しみながら、自分も変幻自在に変わっていく**ことなのではないでしょうか。

どのように人生１００年時代、そして私にとってこの先の60年を生きていくのか。

本書を書き上げたいま、ようやくそのための秘訣が具体的に形になってきました。

そして、私が考え抜いた、人生１００年時代を充実させ、幸せに生き抜くプロティアン・キャリアの実践方法を、ぜひみなさんと共有したい。そう強く思うようになりました。

＊＊＊＊

本書は、私にとって23冊目の著作になります（単著、翻訳書、共著含む）。

これまでは、組織や集団、社会の分析に携わってきましたが、専門とするキャリアについては、実は今回初めて書き下ろすことになりました。

本書は、これまでの私の著作の中でも一番、自分自身の内面に向き合って執筆した本でもあります。

「内面に向き合う」といっても、自分の「中」へ探究するのではなく、社会の変化や求められていることの関係性から、原稿を編み上げてきました。そういう意味では、原稿を書くという行為そのものが、極めてプロティアンなものでもありました。

最初は構想通りに書き上げていくのだけれど、書いている途中で必ず霧の中に迷い込みます。その霧は深く、立ち止まっている限りは、どこにも突破口が見えてこない。

それでも原稿を書き進めていくと、何度も不思議な感覚に陥りました。

私にとって、これまで本を書くということは、読者を想定し、その人に向けて言葉を紡ぐ行為でした。

けれど本書では、読者に語りかけながらも、同時に書き手である私自身にも言い聞かせていく――そんな、読み手と書き手の関係性が一体化する経験が何度も起こったのです。

きっと私自身が、誰よりもまず人生100年時代を生きるための作法であるプロティアン・キャリアについて、どのように実践すればいいのか知りたかったのだと思います。

本書を通して、みなさんにプロティアン・キャリアの思考法や実践方法をお伝えしてきました。そして、その機会を通じて、私もプロティアン・キャリアに対する理解をさらに深めることができました。

迷いながらも、自分の頭で考え、決断を繰り返す――。等身大の私が43年間歩み、壁に直面し、乗り越えて導き出した答えが本書に凝縮されています。もし、その答えが同じようにキャリアの停滞期に直面して悩むみなさんの、働き方や生き方のヒントになるのであれば、これほどうれしいことはありません。ひとえに、プロティアン・キャリアについて考え、伝える機会をつくってくださったみなさんのおかげです。

また、イベントなどへの登壇機会や、日経ビジネス電子版の連載に寄せられたみなさんのコメントや質問も、私にとっては大きな励みになりました。何より思考を整理するための貴重なヒントにもなりました。

「en-courage next」の月曜日の「1 on 1」シリーズで、新卒社会人から寄せられる悩みと、それに対する回答も、本書では一部、転載させていただきました。編集とディレクションを担当してくださったのは鈴木円香さんです。

NewsPicksの特集「ニューパワー時代」では、プロティアン・キャリアの図解講義を、副編集長の佐藤留美さんが編集してくださいました。

本書の補論にも掲載させていただいた、複業研究家の西村創一朗さん。この対談を日経ビジネス電子版にまとめてくださった『子育て経営学』（日経BP社）の著者でもあるジャーナリストの宮本恵理子さん。また、最初のきっかけをプロデュースしてくださった岡村紘子さん。

そして、本書の完成まで、何度も的確なアドバイスをくださった日経BP社の日野なおみさん。みなさんに、心から感謝しています。

本書が、読者のみなさんのそれぞれの経験や困難と重なり、共鳴し合いながら、いま働いていること、生きていること、そしてこれから生きていくキャリア形成の〝赤本〟となるのであれば、これに勝るよろこびはありません。

私もまだ道半ば。

キャリア資本を分析し、私なりのプロティアン・キャリアをこれからも育てていきます。プロティアン・キャリアとは、自分らしく生きること。やりがいを感じながら、楽しく働いていくこと。そしてその結果、稼ぎを増やすこともできる生き方の作法です。

変化に対応しながら、本書の内容もこの先、バージョンアップしていくはずです。その姿は、みなさんと一緒に考えていきたいと思います。

納得のいかない点や分からない部分があれば、遠慮なくktanaka76@hosei.ac.jpまで連絡をください。ツイッターのハッシュタグを用いて「#プロティアン」で投稿してくだされば、すべて読ませていただきます。

本書を書き終えるいま、自らキャリアを形成していく覚悟を持ち、変幻自在に変わりゆく己の姿に、神プロテウスの躍動をたしかに感じることができるのです。

そして、くっきりと見えてきたことがあります。

プロテウスとは、内なる神なのです。

令和元年六月

田中研之輔

田中研之輔
（たなか・けんのすけ）

法政大学キャリアデザイン学部教授、博士（社会学）、専門はキャリア論

一橋大学大学院社会学研究科博士課程を経て、メルボルン大学、カリフォルニア大学バークレー校で客員研究員を務める。大学と企業をつなぐ連携プロジェクトを数多く手掛ける。著書は23冊。『辞める研修　辞めない研修』（共著、ハーベスト社）、『先生は教えてくれない就活のトリセツ』（筑摩書房）、『覚醒せよ、わが身体。』（共著、ハーベスト社）、『丼家の経営』（法律文化社）、『走らないトヨタ』（共著、法律文化社）など。このほか、現在は民間企業の取締役や社外顧問を14社務める。

70歳まで第一線で働き続ける最強のキャリア資本術
プロティアン

発行日 2019年8月13日　第1版1刷発行

著者 田中 研之輔
発行者 廣松 隆志
発行 日経BP
発売 日経BPマーケティング
〒105-8308
東京都港区虎ノ門4-3-12
https://business.nikkei.com/
編集 日野 なおみ
装丁 tobufune（小口 翔平、岩永 香穂、喜來 詩織）
制作 朝日メディアインターナショナル株式会社
校閲 株式会社円水社
印刷・製本 中央精版印刷株式会社

ISBN 978-4-296-10330-0